L'IRONIE

DU MÊME AUTEUR DANS LA MÊME COLLECTION

L'irréversible et la nostalgie
Le pur et l'impur.
L'ironie.
La Mort.
Le Sérieux de l'intention (TRAITÉ DES VERTUS I)
Les Vertus et l'amour (TRAITÉ DES VERTUS II), 2 vol.
L'Innocence et la méchanceté (TRAITÉ DES VERTUS III).

Vladimir Jankélévitch

L'IRONIE

Champs essais

ISBN : 978-2-0812-5236-3

Μόνῳ γὰρ τῷ σπουδαίῳ σπουδαστέον ἐν σπουδαίοις τοῖς ἔργοις.

(PLOTIN, *Enn.*, III, 2, 15.)

Ἔστι δὴ τοίνυν τὰ τῶν ἀνθρώπων πράγματα μεγάλης μὲν σπουδῆς οὐκ ἄξια, ἀναγκαῖόν γε μὴν σπουδάζειν.

(PLATON, *Lois*, VII, 803 *b*.)

CHAPITRE PREMIER

LE MOUVEMENT DE CONSCIENCE IRONIQUE

ΑΛΚΙΒΙΑΔΗΣ : Σώκρατες, καθεύδεις ; — ΣΩΚΡΑΤΗΣ : Οὐ δῆτα...

(*Symp.*, 218 *c.*)

Οὐ καθευδητέον ἐν τῇ μεσημβρίᾳ.

(*Phèdre*, 259 *d.*)

Ἄρα οὖν μὴ καθεύδωμεν ὡς οἱ λοιποί, ἀλλὰ γρηγορῶμεν...

(*Thess.*, V, 6.)

Il est une ironie élémentaire qui se confond avec la connaissance et qui est, comme l'art, fille du loisir. L'ironie, assurément, est bien trop morale pour être vraiment artiste, comme elle est trop cruelle pour être vraiment comique. Néanmoins voici un trait qui les rapproche : l'art, le comique et l'ironie deviennent possibles là où se relâche l'*urgence vitale*. Mais l'ironiste est plus libéré encore que le rieur; car le rieur bien souvent ne se dépêche de rire que pour n'avoir pas à pleurer, comme ces poltrons qui interpellent bruyamment la nuit profonde pour avoir du courage; ils croient qu'ils préviendront le danger rien qu'en le nommant, et ils font les esprits forts, dans l'espoir de le gagner de vitesse. L'ironie, qui ne craint plus les surprises, *joue* avec le danger. Le danger, cette fois, est dans une cage; l'ironie va le voir, elle l'imite, le provoque, le tourne en ridicule, elle l'entretient pour sa recréation; même elle se risquera à travers les barreaux, pour que l'amusement soit aussi dangereux que possible, pour obtenir l'illusion complète de la vérité; elle joue de sa fausse peur, et elle ne se lasse pas de vaincre ce danger délicieux qui meurt à tout instant.

Le manège, à vrai dire, peut mal tourner, et Socrate en est mort; car la conscience moderne ne tente pas impunément les créatures monstrueuses qui terrorisèrent la vieille conscience. Pourtant l'esprit d'ironie est bien l'esprit de détente, et il profite de la moindre accalmie pour reprendre ses jeux. La pensée a traversé ainsi, au cours de son histoire, plusieurs oasis d'ironie; ce sont des époques de « vie scholastique » et de libres railleries où la pensée reprend son souffle et se repose des systèmes compacts qui l'oppressaient; les générations d'ironistes alternent avec les générations trop sérieuses, comme alternent, dans la vie individuelle, le tragique et le frivole. L'apparition de Socrate, à la fin du ve siècle, représente pour ainsi dire cette première ironie de l'adolescence qui succède en nous aux paniques et aux emballements de la jeunesse. L'ironie socratique est une ironie interrogeante [1]; Socrate désagrège par ses questions les cosmogonies massives des Ioniens et le monisme étouffant de Parménide. Remarquons d'abord que Socrate est un sophiste, comme Prométhée est un titan; mais c'est un sophiste qui a « mal tourné », un sophiste qui se moque de la sophistique aussi bien que de la science des météores. Au fond, l'esprit d'humanisme et de controverse qui souffle chez ces charlatans, c'est l'esprit même de Socrate; Gorgias, argumentant en faveur du non-être, s'emploie à nous mystifier, et aussi l'Abdéritain Protagoras, qui est un virtuose de l'« antilogie ». Par exemple : les Sophistes admettent, comme Socrate même, le caractère enseignable de la vertu, mais pour des raisons tellement suspectes que le Socrate du *Protagoras* feint de professer son intransmissibilité; car il cherche la science et non pas les trucs ni les recettes. Ce que Socrate reproche aux marchands d'orviétan (comme plus tard Auguste Comte à Saint-Simon), c'est de mettre la charrue devant les bœufs, d'improviser là où il faudrait analyser, et de revenir, en somme, aux approximations routinières du probabilisme. A sophiste, sophiste et demi : Socrate déjoue le scandale de cette éristique, l'imposture de cet « arrivisme »; Socrate

1. Une ironie « conversationnelle » : Rudolf HAYM, *Die romantische Schule*, 4e éd. (1920), p. 295.

crible de questions les marchands de belles phrases et il prend un malin plaisir à crever leurs outres d'éloquence, à dégonfler ces vessies toutes pleines d'un vain savoir. Socrate est la conscience des Athéniens, tout ensemble leur bonne et leur mauvaise conscience; c'est-à-dire qu'on retrouve dans sa fonction la disparité propre aux effets de l'ironie, selon que celle-ci nous délivre de nos terreurs ou nous prive de nos croyances. D'un côté, Socrate amuse les Athéniens; Schelling le compare à Dionysos, le jeune dieu grâce à qui va s'emplir de chants et de bruits le ciel désertique d'Ouranos. Parménide, à son tour, est le Kronos de la philosophie, dévorant, dès leur naissance, les particularités concrètes, la pluralité, la mobilité, l'altérité. Socrate, nature dionysiaque, ridiculise cette unité vorace, ce principe kronien qui pesait sur la joyeuse variété des différences; Socrate a quelque chose du charlatan, du jongleur, de l'être goétique; il enivre la vieille cité forte et compassée, il fonde enfin un savoir humain, ailé, subtil, dans le champ duquel s'exercera l'analyse d'Aristote. Un vent de folie souffle alors sur les Athéniens; le démon de la dialectique harcèle les jeunes gens sur les places et aux carrefours; Alcibiade se livre à toutes sortes d'excentricités pour fixer l'attention de la ville... C'est Socrate, l'homme démonique, qui affole les citoyens, qui les saoule de dialectique et d'idées aiguës; il y a désormais de la place en Grèce pour les pensées agiles et déliées, pour la critique féconde. « Quand je t'écoute, lui dit Alcibiade à la table du poète Agathon, le cœur me bat avec plus de violence que si j'étais agité de la danse des corybantes... »; et il le compare successivement à un silène et au satyre Marsyas, qui sont des êtres dionysiens. Mais aussi Socrate est le seul homme qui puisse faire rougir Alcibiade; le seul qui lui fasse comprendre qu'à vivre comme il fait, ce n'est pas la peine de vivre. Tout semble plat auprès de l'éloge magnifique et touchant qui termine le *Banquet* de Platon. Alcibiade est un peu ivre, juste ce qu'il faut pour parler dans toute la spontanéité d'un premier mouvement. « Je dois donc le fuir en me bouchant les oreilles comme pour échapper aux sirènes... Il est le seul à éveiller en moi un sentiment dont on ne me croirait guère capable : de la honte en présence d'un autre homme; ... et souvent j'aimerais mieux, je crois, qu'il n'existât pas. » Socrate est donc pour la cité frivole une espèce de remords vivant; il la délasse, mais aussi il l'inquiète; c'est un trouble-fête. Les hommes perdent à son contact la sécurité trompeuse des fausses évidences, car on ne peut plus avoir écouté Socrate et continuer à dormir sur l'oreiller des vieilles certitudes : c'en est fini désormais de l'inconscience, du repos et du bonheur. Il éperonne, il tient en haleine les inconscients : Euthyphron, bigot timide, Lachès le militaire, Hippias l'omniscient, le charlatan... Tous il les accule dans l'impasse, il les jette dans la perplexité de l'*aporia* qui est le trouble symptomatique engendré par l'ironie : αὐτός τε ἀπορεῖς καὶ τοὺς ἄλλους ποιεῖς ἀπορεῖν [1] ; embarrassé toi-même, tu jettes les autres dans l'embarras! Ayant pris conscience de leur propre ignorance, voilà qu'ils se sentent travaillés par un inexplicable malaise : malaise suscité par la contradiction et qui, suivant le Platon du *Ménon*, prélude à la réminiscence. C'est pourquoi il est dit dans *Théétète :* Iris est fille de Thaumas et la science est fille de l'étonnement [2], entendez : de l'aporie. Cette aporie, qui est liée à la maïeutique, c'est-à-dire à une sorte d'obstétrique mentale, le *Banquet* nous en révèle plus clairement encore la nature érotique : le malaise de la réfutation, ἔλεγχος, est comme un

1. *Ménon*, 80 *a-d* : γοητεύεις με καὶ φαρμάττεις καὶ τεχνῶς κατεπᾴδεις ὥστε μεστὸν ἀπορίας γεγονέναι, 84 *a*. C'est dans ce passage que Socrate est comparé à la torpille. Cf. *Gorgias*, 522 *a :* ἰσχναίνων καὶ πνίγων ἀπορεῖν ποιεῖ, πικρότατα πώματα διδούς... Cf. 522 *b*. *Théétète*, 149 *a :* ... ὅτι δὲ ἀτοπώτατός εἰμι καὶ ποιῶ τοὺς ἀνθρώπους ἀπορεῖν. Cf. 151 *a :* πάσχουσι δὲ δὴ οἱ ἐμοὶ συγγιγνόμενοι καὶ τοῦτο ταὐτὸν ταῖς τικτούσαις· ὠδίνουσι γὰρ καὶ ἀπορίας ἐμπίμπλανται νύκτας τε καὶ ἡμέρας πολὺ μᾶλλον ἢ κεῖναι· ταύτην δὲ τὴν ὠδῖνα ἐγείρειν τε καὶ ἀποπαύειν ἡ ἐμὴ τέχνη δύναται. *République*, VII, 523 *a*, 525 *a*, 524 *a*, *e*, 515 *d*, 505 *e*. *Banquet*, 203 *b*, 204 *b*.

2. *Théétète*, 155 *d*.

tourment d'amour, et le « dieu des réfutations », θεὸς ἐλέγχων, devrait peut-être porter le nom d'Éros. Socrate représente donc un principe d'alerte et de mobilité : créature électrique, il mobilise l'immobile, conteste l'incontestable, et son infatigable méfiance est toujours en éveil. Il ne paralyse pas ses interlocuteurs, comme la chouette qui, selon le sophiste Elien, fascine les oiseaux par ses grimaces, ou comme le masque de Méduse qui pétrifie les hommes, mais il les engourdit pour les dégourdir. Tel Jésus [1], par ses questions, fait honte aux hommes de la loi et les réduit soit au silence, soit *ad absurdum* : par exemple il leur explique que toute richesse vient de la ruse ou de la violence, que toute possession est fille d'injustice et d'instinct pléonexique; l'« avoir » est inessentiel : Jésus volatilise donc l'« avoir »; il n'y a plus de propriété, plus d'héritage, plus d'argent, plus d'appartenance, plus de mien et de tien substantiels. Mais Jésus ne triomphera pas, sinon par sa mort même, d'une perfidie qui est à base de mauvaise volonté; tandis que Socrate, interpellant les farceurs, confond dès ici-bas une suffisance superficielle qui n'est, après tout, que mauvaise conscience. L'Évangile dit bien : ils ne savent ce qu'ils font; mais leur aveuglement même est surnaturel, et réclame un pardon surnaturel. Or il n'y a pas à Athènes d'entêtement diabolique, pas de nescience que l'ironie ne puisse persuader de s'avouer nesciente. Ξύνοιδα ἐμαυτῷ ὅτι οὐκ οἶδα [2]. Socrate dégonfle la complaisance satisfaite; il rend les hommes mécontents, scrupuleux, difficiles pour eux-mêmes, il leur donne la démangeaison de se connaître et de se définir. Pourtant, la conscience adore, au fond, l'erreur reposante dont Socrate la délivre; elle appelle et maudit tout ensemble le personnage dialectique qui veut l'opérer, elle éprouve par rapport à lui un sentiment ambivalent; elle ne veut pas céder à la tentation de la recherche, à l'esprit

1. Fr. PAULSEN, *Schopenhauer, Hamlet, Méphistophélès* (1900), p. 237.

2. Cf. *Banquet*, 216 *a, b;* 217 *d;* 218 *d* (αἰσχύνομαι).

d'examen et de libre mouvement. Le philosophe soupçonneux deviendra donc suspect à son tour : Socrate boira la ciguë. Socrate est mort, et pourtant sa mort est restée vivante parmi les hommes; Socrate ressuscite à tout moment dans nos cœurs, car on n'élude pas sa mauvaise conscience rien qu'en lui faisant boire la ciguë : la ciguë elle-même se transforme, selon le mot de Léon Chestov [1], en un cordial fortifiant. Les hommes, d'ailleurs, ne savent ce qu'ils veulent; οὐδεὶς ἑκὼν ἁμαρτάνει, c'est-à-dire : *ils sont encore plus bêtes que méchants.* Ils ont tué Socrate, mais Socrate a eu le temps de les définir. Il s'est vengé de ses accusateurs en leur léguant sa mort.

La mort de Socrate est donc devenue un fait normatif, comme la bataille de Marathon, un symbole exaltant et qui conjure les vieux destins asiatiques de la conscience; la jeunesse de cette mort habitera toujours le peuple ingrat dont elle est l'amie. Elle a donné au multiple de l'air pour respirer; elle est restée excitante, comme une énigme ou un scandale; et de même que la conversation de Socrate plongeait les rhéteurs dans l'embarras, de même le supplice de Socrate a provoqué une gêne durable, une sorte d'aporie féconde, grâce à laquelle l'esprit est resté sur le qui-vive. De Platon à Lamartine et de Schelling à Hegel, à Kierkegaard, à Nietzsche, ... à Erik Satie, on n'en a jamais fini de déchiffrer le hiéroglyphe de cette mort : Socrate chrétien, Socrate dionysien, Socrate plébéien — le grand sorcier (comme l'appelle Ménon) — nous a soustraits pour toujours à l'« euphorie » béate de l'inconscience. Socrate rend possible toute une lignée de philosophies protestataires qui bousculent de plus en plus effrontément la tradition; et de même que les Olympiens, dans la mythologie classique, ont peine à se regarder sans rire [2], de même l'incrédulité grandit parmi les hommes; les dieux commencent à se jouer des tours les uns aux autres, et la farce dont, suivant l'*Odyssée*, Arès et Aphrodite

1. *Athènes et Jérusalem* (Y.M.C.A. 1951, en russe).
2. NIETZSCHE, *Par-delà le bien et le mal*, aphorisme 294.

sont victimes et qui fait tant rire les hommes et les dieux, cette farce divine nous montre que l'irrespect n'épargne pas les immortels. Comme Héphaestos, le Socrate de l'*Euthyphron* et des livres II et III de la *République* capture les dieux dans un filet subtil pour que nous ne prenions plus les fables au sérieux. Après l'ironie socratique, l'insolence cynique; après Socrate, Diogène qui est, pour ainsi dire, un Socrate forcené, une espèce de chèvre-pied échappé de quelque cortège bachique. Le cynisme est souvent un moralisme déçu et une extrême ironie : Frédéric Schlegel ne passe-t-il pas continuellement de celle-ci à celui-là? Le cynisme n'est autre chose, sous ce rapport, qu'une ironie frénétique et qui s'amuse à choquer les philistins pour le plaisir; c'est le dilettantisme du paradoxe et du scandale. Calliclès, arriviste et immoraliste, représente dans le *Gorgias* un type tout différent! Car le vrai cynisme n'est pas, pour autant, l'art du « débrouillage » ou le pragmatisme sans scrupules, puisqu'il rejette, au contraire, les conventions sociales, puisqu'il est ascétique et vertuiste, hostile à la jouissance et dédaigneux des grandeurs séculières; naturiste, Antisthène l'est assurément comme Calliclès, mais avec, en plus, une nuance d'austérité et de fanatisme moral qui annonce Rousseau et cette religion chrétienne dont Fr. Schlegel a dit qu'elle était un « cynisme universel ». « C'est au milieu de la rouge fumée de l'orgueil qu'est bâtie Besace, la cité du cynique, où nul parasite n'aborde, qui ne produit que du thym, des figues et du pain [1]... » Socrate était pauvre : ils seront donc mendiants. Socrate flânait au coin des rues : ils habiteront des tonneaux. Socrate pratiquait avec une exquise humilité l'art du dialogue; ils préféreront les diatribes, sermons, apologues du propagandiste plus soucieux de militer et de prêcher que de discuter, plus ardent à convertir qu'à persuader. A l'ironie délicate succède l'outrance passionnée du grossier personnage; ils se croient tenus

1. Diogène L. 85, cité par Émile Bréhier, *Histoire de la philosophie*, t. I, p. 277.

à mille incartades, à tout un cabotinage compliqué qui fera partie de leur légende ; l'ironie, anonyme chez Socrate, éprouve le besoin de se montrer hirsute, crasseuse et agressive ; au lieu d'analyser les idées, elle préfère les aphorismes (χρεῖαι, σίλλοι) et l'on recueille pieusement ses sentences. Le « bon mot » est une arme : l'ironie dialectique fait place, chez Lucien, à une ironie d'apophtegmes, et la sagesse restera pour longtemps « en état d'épigramme » avant de donner naissance à l'« Agudeza » de Baltasar Gracian. Le cynisme est donc la philosophie de la surenchère : l'ironie, après Socrate, se tend jusqu'au blasphème et jusqu'aux pires exagérations du radicalisme moral.

L'ironie socratique contestait seulement l'utilité et la certitude d'une science de la nature ; l'ironie romantique contestera, au début du XIXe siècle, l'existence même de la nature. On peut s'en étonner [1] : la ferveur romantique a eu pour conséquence une attitude de détachement qui semble convenir plutôt au Candide de Voltaire qu'au possédé de Hoffmann et plutôt au scepticisme qu'à l'enthousiasme. Cette ironie, en vérité, n'est pas un humour au sens de Swift, de Sterne et de Voltaire, cette ironie est une ivresse de la subjectivité transcendantale. L'idéalisme critique l'encourageait, qui, chez les poètes, devient peu à peu un idéalisme lyrique et un idéalisme « magique ». Du Sujet de Kant au Moi de Fichte et de l'Imagination de Novalis au Génie de Frédéric Schlegel, l'esprit ne cesse de se gonfler, de s'enivrer, pour ainsi dire, de lui-même ; créateur de son objet, il le détermine dans son *être*, et non plus seulement dans son *ordre* ou dans son *sens*. Du sujet transcendantal à la volonté créatrice l'intervalle est le même que de la *liberté* à la *licence*, c'est-à-dire du vouloir déterminé par le devoir au vouloir hyperbolique, arbitraire et immoral. Ainsi, au lieu que la sagesse socratique se défie et de la connaissance de soi et de la

1. Maurice Boucher, *Ironie romantique* in *Cahiers du Sud*, 1937 (« Le Romantisme allemand »), p. 29.

connaissance du monde, et aboutit au savoir de sa propre ignorance, l'ironie romantique n'exténue le monde que pour se prendre elle-même plus au sérieux. Elle est, chez Frédéric Schlegel, « Verstand », liberté du sujet surplombant l'objet; chez Novalis, elle est « Gemüt », liberté magique et poétique transfigurant le monde, liberté romanesque romantisant la nature; l'univers est un conte de la sublime fantaisie. L'ironie est pouvoir de jouer, de voler dans les airs, de jongler avec les contenus soit pour les nier, soit pour les recréer. Socrate, d'autre part, pose un problème pratique et civique que Schlegel, du moins jusqu'en 1802, affecte de mépriser; il y a d'une ironie à l'autre aussi loin que du « moralisme » au dilettantisme esthète et au nihilisme libertaire. Schlegel se donne la liberté, mais une liberté sans responsabilité, une liberté qui n'aurait d'autre matière que le plaisir de s'exercer — la liberté, en un mot, sans l'ordre juridique et sans tout ce pathos sérieux qui embourgeoise le moi fichtéen. Représentons-nous un Diogène qui aurait lu la *Wissenschaftslehre* et qui s'amuserait, pour scandaliser fonctionnaires et pédagogues, à vanter la « sainte paresse » et la « bouffonnerie transcendantale ». Julius, le héros de Lucinde, joue le jeu cynique de la liberté. En passant de l'esthétique classique de Schiller dans l'esthétique dionysiaque de Schlegel, l'idée de jeu a pris un air bohème; jeu désormais signifie, non plus loisir, mais oisiveté; non plus σχολή olympienne et libérale, mais vacance propice à toutes les inquiétudes du spleen. Le hasard et le destin se rejoignent : cette liberté hyperbolique et fainéante, engloutissant toutes les valeurs de culture, aboutit à une sorte d'indifférence quiétiste pour laquelle il n'est plus de vertu, plus d'objet et même plus d'art! Grâce à la poésie romantique telle que l'entend Jean-Paul, les frontières du monde objectif se dissolvent dans l'infinité du sujet comme les formes plastiques se dissolvent dans la pénombre du clair de lune. Hegel a beaucoup raillé [1] l'auto-

1. *Esthétique*, III, 3.

cratie de ce moi ironique qui engloutit toute détermination, dévore toute particularité... La nuit, plaisante Hegel, tous les chats sont gris; par rapport à notre libre arbitre infini, toutes les choses conditionnées s'anéantissent dans le chaos de l'ironie [1], s'égalent dans le rien. Ce sublime à l'envers, cette négation infinie qui renvoient dos à dos la folie et la sagesse, c'est ce que Jean-Paul appelle l'humour; mais, au lieu que le hiatus, selon Schlegel, est entre le moi et le monde, Jean-Paul, rejoignant le concept chrétien du péché, le situe entre Dieu et les choses du monde fini — au nombre desquelles est le moi : l'humour annihile non point le singulier, mais la finitude en général par son contraste avec l'idée de la raison infinie [2]; il précipite l'universellement humain du haut de la roche tarpéienne; le « Welthumor » d'un Cervantès ou d'un Shakespeare n'humorise pas sur des détails ou des anecdotes, mais sur la totalité. Chez Solger surtout l'ironie achève de s'installer au centre d'un système dogmatique : elle qui était jusque-là une sorte d'humeur subjective et plutôt littéraire, la voilà devenue catégorie métaphysique; elle désigne, cette fois, non plus les caprices de l'amateur génial, mais les destins cosmiques de l'Absolu. Solger expose le procès dialectique de l'incorporation de l'Absolu : l'infini expire dans le fini, l'idée sombre dans le réel où elle se révèle : c'est-à-dire que l'idée à la fois se nie comme infinie ou générale et s'affirme comme finie ou particulière; mais elle nie à son tour cette négation et se réaffirme ainsi comme universelle. L'ironie, c'est la conscience de la révélation par laquelle l'absolu, dans un moment fugitif, se réalise et du même coup se détruit; et l'art n'est rien d'autre que l'instant du passage, la belle et fragile apparence qui à la fois

1. Cf. KIERKEGAARD, *Crainte et tremblement*, trad. Tisseau, p. 77, 185.

2. *Vorschule der Aesthetik*, I, 7e Programm. § 31-32. Ici c'est la « Vernunft » qui est infinie, le « Verstand » qui est fini. Vocabulaire inverse chez Schlegel.

exprime et anéantit l'idée [1]. Ainsi se constitue, par opposition au « Witz » réflexif, acide et persifleur du XVIIIe siècle, une ironie un peu sauvage, une ironie exaltée et ambitieuse. La modestie, la pudeur, la clairvoyance ne sont plus son affaire. La régression ascensionnelle de Socrate a fait place à la déduction pédante de Solger, et la recherche de la vérité aux tragédies métaphysiques de l'incarnation; l'ironie n'est plus heuristique, mais nihilisante; l'ironie ne sert plus à connaître, ni à découvrir l'essentiel sous les belles paroles, elle ne sert qu'à survoler le monde et à mépriser les distinctions concrètes.

1. L'ironie sur les choses.

Le comble du sérieux, ce serait de vivre purement et simplement, sans poser aucune question, et d'adhérer intimement à l'évidence de ses propres organes. Cette conscience extatique et tout entière absorbée dans les battements de son cœur, peut-on même l'appeler une conscience sérieuse, sinon par analogie? Le sérieux se définit en rapport avec une gaieté toujours possible, comme l'évidence désigne ce que l'on a reconquis sur le doute; on *garde* son sérieux parmi des visages ironiques, on a peine à *rester* sérieux quand les événements prêtent à rire; ou encore, à l'intérieur de l'individu, un seul sentiment est resté sérieux dans une conscience toute cynique. Le sérieux est la toile de fond sur laquelle se détachent la drôlerie et le tragique, mais ceux-ci à leur tour accentuent, par contraste, le Sérieux, qui devient ainsi un effet de relief. Et de même il n'y a pas d'évidence absolue ou solitaire; l'évidence fait toujours l'objet d'une déclaration expresse : on reviendra, par exemple, à l'évidence viscérale quand on sera dégoûté des superstructures trop civilisées et des idéologies trop cons-

1. Maurice BOUCHER, *K. W. F. Solger, Esthétique et philosophie de la présence* (1934), p. 106. Cf. Josef HELLER, *Solgers Philosophie der ironischen Dialektik* (Berlin, 1928).

cientes. Cette âme végétative que n'aère aucune liberté, cette âme qui coïncide avec la circulation du sang et le tressaillement des organes, appellerait-on cela une âme sérieuse? C'est pourquoi on ne saurait, sinon par métaphore, affirmer le « sérieux » de la nature : attribuer à la nature une finalité trop providentielle, c'est permettre aux pessimistes de déclamer contre le mal qu'elle tolère. Et de même, si les uns dramatisent à l'excès, les autres, comme Schelling, Novalis ou von Schubert, déjouent dans le règne animal les ironies d'une nature qui ne craint pas de se parodier elle-même. La « Naturphilosophie » romantique n'est-elle pas la physique de la métaphore? Le monde, en réalité, n'est grave ou frivole que pour un esprit qui le pense, et en rapport avec notre destinée. Ainsi le sérieux lui-même est déjà un effet de relation, une tension naissante; *quelque chose* est sérieux, mais le *tout*, et l'existence proprement dite ne peuvent être que « donnés ». L'Être de Parménide n'est même pas sérieux! Il est plutôt pré-sérieux...

Bien que toute connaissance n'ironise pas ouvertement sur son objet, on peut appeler la conscience une ironie naissante, un sourire de l'esprit. Deuxième mouvement par opposition au premier, qui est crédulité absolue ou affirmation naïvement catégorique, la conscience est en quelque sorte un *ravisement*, une ἐποχή; la conscience est revanche sur l'objet dont elle prend conscience, et elle est force du faible en cela : le paradoxe pascalien du roseau pensant est, sous ce rapport, toujours valable. Voilà la supériorité de l'inférieur, la force des faibles, la richesse des pauvres : le pauvre sera, *a fortiori*, plus riche que le riche. Rapport « irréciproque », la conscience donne au conscient l'initiative sur l'inconscient, sur l'homme remorqué. Par exemple : l'adulte, comme étant conscience à la fois de soi-même et du jeune qu'il a été, a barre sur le relativement inconscient dont il a conscience; l'adulte est la conscience du jeune, et il sourit de ses enthousiasmes naïfs, de ses folles espérances, de ses incorrigibles illusions; il ironise sur sa propre juvénilité comme la conscience englobante ironise sur la conscience englobée. L'âge second de la comédie, succédant au sérieux sublime de la tragédie, représente dans l'histoire une libération du même ordre : l'homme moderne a dépassé son destin tragique, escarpé, massif et compact comme un rocher de Prométhée. La conscience est détachement. Ironiser, écrit le grand poète russe Alexandre Blok (qui d'ailleurs prononce un réquisitoire) [1], c'est s'absenter : la conscience impliquée dans le second mouvement de l'ironie transforme la présence en absence; elle est pouvoir de faire autre chose [2], d'être ailleurs, plus tard; *aliud* et *alibi!* Elle nous donne, avec le ravisement, la disponibilité. Nous lui devons d'abord ce recul et ce minimum d'oisiveté sans lesquels il n'est pas de représentation possible : l'esprit en retrait prend ses distances, c'est-à-dire : l'esprit se décolle de la vie, éloigne l'imminence du danger, cesse d'adhérer aux choses et les repousse jusqu'à l'horizon de son champ intellectuel. Les paysages se rapetissent comme au bout d'une longue-vue renversée. L'esprit se libère d'abord timidement et par intermittence, en posant des questions; la question, suspendue au point d'interrogation, est chez Erik Satie un geste mélodique inachevé, un mouvement qui reste en l'air, dans l'attente de quelque chose : l'alternance des demandes et des réponses, dans le dialogue socratique, permet une analyse irrévérencieuse des idées; la pensée, hachant le discours compact, se rend capable de regarder à droite et à gauche et dépouille enfin le lourd manteau de la nécessité. Ainsi l'ironie introduit dans notre savoir le relief et l'échelonnement de la perspective. — En même temps qu'il s'éloigne de nous, l'objet va rejoindre dans l'espace les autres objets qui serviront à le définir. S'il y a un objet, il y a plusieurs objets; ou *vice versa*, s'il n'y a qu'un objet, il n'y a pas d'objet du tout. L'objet,

1. Dans le journal de Kiev, *Rietch*, 7-XII-1908.
2. René SCHAERER, « Le mécanisme de l'ironie dans ses rapports avec la dialectique » (*Revue de Métaphysique et de Morale*, 1941, p. 185).

telles la qualité ou la couleur, implique immédiatement le pluriel. Comme l'être participe du non-être dans le *Sophiste* de Platon, ainsi l'objet se détermine par tous les autres qui ne sont pas lui et dessinent ses contours. Deux coordonnées, en quelque sorte, suffisent à son repérage : sa relation à la conscience qui le réfléchit, son rapport virtuel avec d'autres corps parmi lesquels il se découpe. Mais puisque l'objet n'est jamais seul, il devra, de fil en aiguille, partager avec tous les autres. Telle est, en effet, l'amphibolie de la limite : elle dit à la fois oui et non, elle affirme la substance dans ses frontières et elle lui refuse une infinité d'adjectifs; elle est la fin comme but et la fin comme terme, et elle oblige l'esprit, tour à tour, à regretter la perfection de l'infini et à craindre la négativité de l'indéfini. Rappelons que la science socratique est, précisément, la science des définitions, celle qui, tout ensemble, fixe les concepts dans leur quant-à-soi et en délimite les confins : distinction et clarté, telles sont les deux qualités inséparables, l'une extrinsèque et l'autre intrinsèque, du concept « achevé ». Pourquoi fallait-il que l'existence incarnée fût au prix d'un renoncement? que « positif » voulût dire « privatif »? Quelle malédiction imposa aux êtres de se restreindre pour exister effectivement? Nous aurons, le moment venu, à expliquer cette alternative. *On ne peut pas être à la fois tout et quelque chose*, et l'obligation de choisir entre ces incompatibles fait tout ensemble la grandeur et la misère de la conscience. La pensée, s'articulant en mots et en concepts, dissocie le bloc des pressentiments coalisés. C'est l'ironie du morcelage. Notre tactique est de pratiquer partout la disjonction des éléments, d'éviter à tout prix que l'univers ne figure derechef en chacune de ses parties. L'univers serait le plus fort, si nous le laissions se totaliser dans chaque détail et partout reconstituer le front uni de l'expérience crédule. Parmi ces actions mystiques et contre nous liguées, nous cherchons la fissure qui nous permettra de peser en chaque point avec toute notre âme. L'objet n'est donc plus que lui-même; le voilà, aux deux sens du mot, « individualisé », c'est-à-dire que d'abord, il est simple et indivis au-dedans, et qu'ensuite il n'est pas un autre. — Tandis qu'il se rapetisse dans l'espace, l'objet perd de son importance dans la durée : l'ironie de la prévision vient en aide à l'ironie des définitions. Non seulement l'objet n'est qu'un détail, mais encore il n'est qu'un *moment*, et le propre du « moment », c'est d'avoir un rôle tout épisodique dans la succession des phénomènes. Le moment, bousculé entre un passé qui vient à peine d'expirer et un futur qui déjà frappe à la porte, le moment n'a pas plus tôt commencé de se sentir exister que déjà il lui faut plier bagage. On accuse souvent l'intelligence d'avoir la superstition du définitif : mais, justement, est-il rien de plus raisonnable que le sens du provisoire, la conviction que les phénomènes ont leur date dans le temps comme les corps ont leur lieu dans l'espace? Pas plus qu'il n'y a d'objet absolu il n'y a de présent éternel : l'objet, investi par les barrières de la définition, est en outre daté par les circonstances qui le cernent. La conscience, c'est tout ensemble la mappemonde où s'ordonne la confusion de l'omniprésence, le calendrier qui localise, distribue et circonscrit les événements. La conscience, c'est de dire : *Aujourd'hui* ou *Ici*, avec une nuance restrictive et en souriant des folles angoisses ou des prétentions insensées à l'ubiquité. Entendons-nous bien : la raison est discernement, mais elle est surtout la fonction des rapports, traçant des courbes avec les notations décousues, découvrant des liaisons causales, ou, du moins, des constances légales sous les zigzags de la nature. Cela est vrai; mais remarquons pourtant que ces liaisons s'articulent en phases discontinues et qu'elles sont surtout limitatives : elles expriment que tout n'est pas possible, que n'importe quelle cause ne produit pas n'importe quel effet, que les chemins du déterminisme sont étroits. Les prophéties indéterminées font place aux prévisions prosaïques; dans la nébuleuse des analogies informes, des noyaux de lumière se séparent entre lesquels notre esprit dessine des constellations, des figures de durée aux lignes fines et bien tendues. La chronologie, tout comme l'atlas, déprécie l'objet; et notre raison, à la fois panoramique et « prospective », commence à traiter l'univers avec désinvolture.

Distance, durée et coexistence — voilà la vanité de l'objet triplement établie. Notre conscience adopte pour ainsi dire la perspective synoptique de l'aviateur et sourit de son vieux cauchemar. Il reste cependant en elle des îlots de tragédie. Chaque moment, pris à part, est futile et ne mérite qu'une attention amusée, mais la totalité des moments successifs résiste à notre humour. Vivre demeure une grande affaire. Il n'y a plus que des anecdotes, mais la vie elle-même, qui en est formée, reste terriblement sérieuse. Or, il subsiste en nous quelque chose de total après que l'univers est depuis longtemps loti en parcelles insignifiantes et la durée en incidents minuscules. La conscience ironique badine avec le monde; mais comment n'aurait-elle pas une haute idée de sa propre importance, elle qui ne s'en laisse plus imposer ni par le Maintenant ni par le Voici? La conscience, en se moquant de soi, ne détruirait-elle pas l'instrument même de la moquerie? On ne lui fait pas peur : c'est là sa force, mais aussi sa faiblesse; elle est consciente à l'extrême, avec de vastes zones d'inconscience; sensible au-dehors, anesthésiée au-dedans, elle ressemble à ces grands moralistes que dévore soudain une violente fièvre de vertu et qui n'ont jamais d'yeux pour leur propre bassesse. Comme il y a des colères locales dans une âme toute corrompue, ainsi on imagine sans peine une lucidité unilatérale et spécialisée qui serait pire que l'aveuglement : c'est la fausse clairvoyance des âmes mal réveillées. Il faut se réveiller non seulement du monde, mais de soi. La conscience n'est pas tout à fait consciente, tant qu'elle est dupe d'elle-même, tant que sa ridicule gravité la désigne à l'ironie étrangère; car la gravité rend vulnérable, qui est symptôme d'inconscience. L'ivrogne partout voit des ivrognes. Cette demi-ébriété de l'âme, qui aiguise nos sens, mais alourdit notre réflexion, fabrique des êtres prétentieux et comiques : tout le monde rit de nous, et nous sommes les derniers à le savoir; les hommes et les bêtes font cercle déjà autour de nous pour rire de notre perruque, de notre plastron et de notre grande conscience; mais nous croyons la nature plus drôle encore que nous-mêmes, et nous continuons à faire des jeux de mots!

Pour se déprendre de soi-même, il faut une absence totale de complaisance, une modestie particulièrement exigeante, et la résolution inébranlable d'aller, le cas échéant, jusqu'au sacrilège. Pour humoriser sur son propre corps comme sur une chose extérieure il faut être Épictète; il faut être un héros de l'ironie. Nous avons cessé depuis longtemps de prendre l'univers au sérieux, — et nous persistons à accorder à notre personne une promotion privilégiée, à faire en sa faveur une exception; nous ne pouvons croire qu'elle soit un objet comme les autres : tel un médecin qui ne se résignerait pas à penser que sa propre maladie soit de droit commun. Max Scheler et Louis Lavelle à la suite du bouddhisme [1] nous montrent dans la conscience un moyen d'objectiver la souffrance : mais la douleur analysée régénère et se totalise constamment, et l'homme mal délivré passe et repasse sans fin de souffrance à conscience et de conscience à souffrance. Comment être *causa sui* — ce sujet qui est l'objet, cet agent qui est son propre patient, ce rieur qui est le risible? L'introspection suppose une expérience tout à fait à part, qui ressemble à cette « double sensation du même ordre » dont parle Ebbinghaus, parce que c'est ici le même moi, le même corps qui touche et qui est touché. Tout conspire à nous décourager : d'abord la constitution même de notre âme, qui est une totalité organique où chaque détail exprime l'ensemble de la personne; l'âme réalise en concentration ce que le monde ne peut faire qu'en étalant la somme des choses qui existent : à tout instant elle nous oppose sa plus grande densité et comme le total de ses puissances; sur cette synthèse

1. Max SCHELER, *Le Sens de la souffrance* (trad. fr., *Philosophie de l'Esprit*), p. 34 et suiv. Louis LAVELLE, *Le Mal et la souffrance*. Cf. TOLSTOÏ, *La Mort d'Ivan Ilitch*.

indéchirable et tout entière organisée en profondeur, l'ironie glisse sans trouver la moindre prise. On ne plaisante donc pas avec sa propre conscience. Pas davantage, avec ce qui est encore très adhérent à la vie, et où nous sommes tout entiers engagés. Ainsi on apprend plus vite à badiner avec les idées qu'avec les instincts. L'instinct est un fait massif qui, au moment où il est là, n'a ni passé ni futur, ni avant ni après, ni hier ni demain... On a beau faire l'esprit fort, le prendre de haut quand il a le dos tourné — adieu nos serments, nos dédains, nos grands airs dégoûtés! Il suffit qu'il se montre pour obtenir de nouveau notre consentement : le voici qui nous regarde jusqu'au fond de l'âme, qui trouve audience auprès de l'ironiste, qui l'expose, lui, l'homme spirituel, le rusé, le subtil, aux situations les plus ridicules et aux gestes les plus humiliants. Le voilà, l'homme d'esprit, occupé derechef à cette ridicule corvée d'accouplement dont parle Schopenhauer [1]. La pudeur n'est-elle pas, d'une certaine manière, le désarroi d'un esprit à qui ne suffisent ni une conscience impuissante, ni une indigne coïncidence? L'amphibie, tenté par le plaisir, hésite entre les deux vies, βίος et ζωή, dont la symbiose forme son existence même [2]. Dans tout plaisir en général, nous retrouverions cet élément d'éternité, ce sérieux profond de la vie : le plaisir, totalité insulaire et, en son genre, unique, le plaisir est un absolu, tant qu'il est là; ainsi dépêchons-nous de rire, car tout à l'heure il n'y aura pas d'humour qui tienne.

2. L'ironie sur soi : « économie ».

Conscience, plaisir, instinct... Si toutes ces synthèses sont des synthèses complètes, c'est que la conscience, qui reste nocturne pour elle-même, est le propre

1. *Parerga*, II, § 157.
2. Vladimir SOLOVIEV, *La Justification du Bien* (« Opravdanié Dobra »). (Aubier.)

sujet de l'ironie, tout en voulant être son objet. L'ironie, dit le rhéteur Hermogène de Tarse, est ἐφ' ἑαυτοῦ ou ἐπὶ τῶν πέλας. L'ironie est une activité spirituelle infinie, comme tout ce qui est de provenance mentale. Comment guérir notre myopie? Apprendrons-nous à sourire même de l'instinct, à être un jour ironiste et non pas seulement bel esprit? On y arrive, semble-t-il, par l'Économie et par la Diplomatie. Appelons *économie* l'ensemble des aménagements temporels qui serviront à « normaliser » notre tragédie intérieure, soit en arrière, soit en avant. Dans le passé, d'abord : nous restituons avec soin la chaîne des causes qui expliquent notre émotion ou notre croyance, pour en dissiper le prestige; Spinoza le savait bien : l'importance exceptionnelle de la passion pour un cœur passionné se dilue le long d'un déterminisme qui relie l'un à l'autre l'alpha et l'oméga. Notre présent reprend dans la succession des moments son humble place historique et perd son exceptionnalité. Comprendre, c'est déjouer; la connaissance dépassionne nos sentiments, nos haines et nos enthousiasmes en nous révélant le peu qu'ils sont au fond. Plus précisément encore : rien ne dégrise mieux la conscience que la méditation des nécessités diverses qui l'encadrent et la légalisent; la critique des sources et la recherche des origines constituent pour les âmes trop sérieuses une cure salutaire, en même temps qu'une admirable leçon d'humilité, de sobriété et de défiance; voilà pourquoi les dogmatismes qui tiennent à être pris au sérieux prohibent toute spéculation indiscrète sur leur généalogie; ils ne veulent pas descendre du singe, et ils supportent mal les esprits curieux qui s'occupent de leur état civil; ils entretiennent eux-mêmes l'illusion qu'ils sont inengendrés, « non devenus », et leur mythologie devance l'irrespect qui flâne en toute saison le long du boulevard. Mais ils ont beau faire, une douce ironie commence à égayer les passants, puis les magistrats eux-mêmes. Nietzsche, qui a tant médit de l'histoire, s'y entendait pourtant à briser les idoles, à désagréger notre droit, nos valeurs immaculées, à traquer partout les préjugés honteux. Pascal surtout a déjoué en des termes inoubliables la « plaisanterie » [1] de la justice. Le premier droit fut une violence heureuse. La vraie liberté n'est donc autre chose que la conscience de la nécessité, une conscience irrévérencieuse qui conteste l'inouï, l'original, le sacré, et qui déride les visages trop solennels; le mystère inquiétant du hasard cède à l'activité infinie par laquelle l'esprit détermine une légalité, même à l'intérieur de ses propres superstitions. Vu de près, le mirage des commencements aveugles et arbitraires s'analyse en multiples facteurs. La physiologie, la biologie et la sociologie, liguées contre notre pathos, nous apprennent tour à tour à quoi tiennent nos grandes phrases et nos principes immortels. La physiologie : car le plus grand philosophe du monde est à la merci d'une rage de dents, et les idées ne sont peut-être qu'un « malentendu du corps »; c'est une dérision; l'ironie chuchote que le pessimisme allemand s'explique par les poêles en faïence [2] et la révolution française par le café. N'y a-t-il pas de quoi vous dégoûter de la métaphysique? C'est une humiliante ironie que de lier à quelques grammes de gélatine le sort de la sensation, de la pensée et du génie lui-même... La biologie : car sous le masque des nobles motivations le médecin dénonce les stratagèmes de l'inconscient; aux raisons décentes de la Raison il substitue les raisons inavouables de l'instinct; il nous rend sensible la vanité de notre civilisation intérieure, et l'héréditaire barbarie qui se dissimule sous le vernis des concepts; nous nous voyons aussi ridiculement déguisés qu'un roi du Dahomey avec son pagne, son gibus et son parapluie. La société enfin : car je ne puis ouvrir la bouche sans imiter quelqu'un ou contrefaire quelque chose; j'ai beau me travailler pour être le premier, pour penser de l'inédit, toujours la tradition et la mode tirent les ficelles; mes phrases, mes idées... hélas! mes sentiments eux-mêmes sont plus ou moins des pastiches; nous croyons aimer, et nous récitons!

1. *Pensées* (BRUNSCHVICG), V. fr. 294.
2. *Le Gai Savoir*, aphorismes 134, 145.

Logique des sentiments, logique sociale, logique des nerfs et du foie, ou, comme dit Alain [1], pensées d'estomac et de rate, tout collabore à m'humilier. Ma personne tout entière n'est qu'un plagiat, l'ensemble de tous mes rôles. N'est-ce pas à démissionner de l'amour et de la sincérité en général?

Pour faire le tour de l'idée ou de l'émotion, il faut en fixer non seulement les tenants, mais les aboutissants; les avoir bornés dans le futur comme dans le passé. Nos sentiments sont éphémères et nos croyances instables. Ribot nous indique comment finit la passion, — car la passion finira, malgré tous nos serments; nous jurons nos grands dieux que la personne aimée est irremplaçable, et quand nous l'avons remplacée, nous n'envisageons pas sans humour cet absolu décevant qui est toujours éternel pendant le fait et provisoire après coup. Usure ou conversion — un sentiment n'est jamais éternel que jusqu'à nouvel ordre! Un vœu définitif n'est définitif que jusqu'à Pâques! Quelle créature ici-bas peut dire Toujours? Ainsi la conscience volage voit déjà le bout de son propre plaisir; elle le jauge en longueur, largeur et profondeur, elle le connaît, en d'autres termes, comme objet; l'ironie consiste donc à enserrer la chose de toutes parts, à la cerner et définir par une « colligation » complète; l'ironie, c'est de savoir que les îles ne sont pas des continents, ni les lacs des océans; le navigateur qui revient un jour à son point de départ apprend que la terre est une simple boule ronde et que l'univers n'est pas infini. Grâce à l'ironie, les périples se bouclent et les problèmes se laissent circonscrire. C'est l'ironie de la réversibilité! Une durée irréversible est toujours tragique par quelque côté, puisqu'elle impose un voyage dont on ne voit jamais la fin, une navigation perpétuelle vers des ailleurs toujours renaissants; l'histoire, par exemple, reste menaçante tant que certains recommencements

1. *Préliminaires à l'Esthétique*, p. 122. Cf. NIETZSCHE, *Le Voyageur et son ombre*, II, 291 (sur l'estomac des diplomates), 348 (sagesse et bile).

ne nous laissent pas deviner un cycle, une aventure esthétique, une période bien recourbée, maniable et ronde comme un cerceau; alors un léger sourire nous déride : nous jonglons avec les âges du monde, les rangeons, les comptons et empilons, comme un enfant qui énumère les dynasties et joue au jeu de l'histoire. De là toute une économie du bonheur et du malheur. Une conscience avertie n'est pas facilement dupe. Nous savons bien comment tout cela finira, et le jour même où le sentiment se déclare, nous prenons nos dispositions pour n'être pas surpris par son déclin; nous faisons comme ceux qui achètent du charbon en été ou s'assurent sur la vie à vingt ans. Devançant la terminaison, l'humour prévient le souci! L'homme détaché écrit le testament du bonheur le jour même de sa naissance. La magie du présent, son absolutisme, sa valeur exceptionnelle, ses privilèges nous laissent incrédules. L'ironie ne serait-elle qu'un des visages de la sagesse?

3. L'ironie sur soi : art d'effleurer.

On devient un ironiste, non seulement par l'« économie » mais par la « diplomatie ». Autrement dit : la conscience se délivre de son présent, en spéculant aussi sur les absences — l'absence des choses qui ne sont plus et l'absence des choses qui ne sont pas encore; mais elle veut pouvoir regarder à droite et à gauche, comme elle regarde en avant et en arrière; elle compose l'une avec l'autre, si l'on peut dire, la *justice de succession* et la *justice de coexistence*. Être juste, c'est faire à chaque chose sa part, n'avoir pas de « point de vue »; ou mieux encore : c'est adopter tour à tour une infinité de points de vue, en sorte qu'ils se corrigent mutuellement; ainsi nous échappons à tous les « centrismes » unilatéraux, nous retrouvons l'impartialité et la justice de la raison. Celui qui a vu Notre-Dame d'en bas et d'en haut, du dehors et du dedans, de face et de côté, obtient sur elle une série d'images ou de photographies mentales qui en composent peu à peu le paysage; voilà pourquoi un instantané, immobilisant dans sa lettre le visage d'une seconde, est toujours moins vivant qu'un portrait qui tient compte des innombrables profils de la personne et des angles innombrables sous lesquels elle nous apparaît. Mais notre diplomatie achoppe, ainsi que l'évolution bergsonienne, à la « frénésie » du crescendo : l'impérialisme de nos tendances, la nature passionnelle et, pour ainsi dire, cancéreuse de nos moindres sentiments, notre pente au rêve, notre confiance, qui est naturellement sans limites, et qui va jusqu'au bout de la crédulité... tout conspire à exagérer en nous les inégalités et les dissymétries; un instinct, livré à lui-même, prolifère indéfiniment, et tend à occuper toute la place; loin de s'effacer de bonne grâce, il deviendra vice ou idée fixe; et de même que chacun de nos actes est habitude naissante, chacune de nos perceptions possibilité de souvenir, ainsi nos désirs seront passions si nous n'y prenons garde. La gravité, au double sens de sérieux et de géotropisme, est ainsi notre tendance naturelle. Heureusement la nature, à défaut d'ironie, nous a dotés de certains mécanismes régulateurs qui compensent automatiquement l'hypertrophie des désirs : elle limite leur action indéfinie et leur excessive fécondité en les neutralisant les uns par les autres, en organisant la concurrence des instincts, et elle fait qu'ils se bouchent mutuellement l'accès à l'hégémonie; d'autre part la vie pratique, avec ses tâches variées, avec la souplesse mentale où elle nous entretient, combat efficacement cette distraction du cœur qui s'appelle Passion. Ainsi tous nos plaisirs peuvent devenir obsédants, mais tous ne le seront pas, car les autres réclament aussi leur dû, et puis le monde extérieur ne leur permet guère de s'attarder. Pourtant il est des natures rêveuses qui n'arrivent pas à installer en elles-mêmes le tonus des inclinations contrastantes : exigences d'adaptation, guerre civile des instincts, rien n'y fait; elles ne peuvent vaincre la pesanteur de leurs propres émotions ni l'attardement pathétique de leur cœur; ce sont des natures graves et « presque trop sérieuses » *(fast zu ernst)*, comme l'enfant des « Kinderszenen » de Schumann; elles foncent à corps perdu dans leurs moindres sentiments, sans arrière-pensées, sans précautions; quoi qu'elles éprouvent, amour, colère, enthousiasme, elles y mettent tout leur cœur, et c'est pourquoi on les dit « entières », exprimant par là qu'elles vont jusqu'au bout de leur émotion. Elles prétendent figurer tout entières dans une parole, dans un sourire, un regard, une pression de la main; elles engagent à fond chaque minute de leur vie. Mais ce radicalisme du cœur les rend infiniment vulnérables. Elles sont comme ces étourdis qui ont tout mis du même côté : quand ils perdent, ils perdent tout. Quelle proie facile pour le malheur! Au fond, ces âmes sérieuses sont des âmes frêles, et qui aux agressions du sort proposent naïvement leur plus large surface. Elles ont joué le tout pour le tout et souffrent constamment, parce qu'avec leurs espérances elles multiplient les causes de déception. L'ironie leur apprendrait d'abord à ne pas figurer dans chaque signe intégralement, à ménager davantage leurs ressources. Cette hyperesthésie a quelque chose d'épuisant et entretient notre âme dans un état de frénétique et douloureuse tension. De même que l'habitude, multipliant les automatismes, soulage d'autant notre volonté, ainsi l'ironie nous dispense de prendre à tout bout de champ de grands airs tragiques. On ne peut pas aimer ou haïr sans cesse éperdument, se passionner pour n'importe quoi : l'ironie développe d'abord en nous une sorte de prudence égoïste qui nous immunise contre toute exaltation compromettante et contre les déchirements de l'extrémisme sentimental : grâce à elle, nous ne serons plus écartelés entre des incompatibles également ambitieux. D'autre part, l'ironie nous donne le moyen de n'être jamais désenchantés, pour la bonne raison qu'elle se refuse à l'enchantement. Ceux qui écoutent ses conseils ont toujours dans leur vie une ligne de retraite où ils se replieront, le moment venu, pour n'être pas surpris par la malchance. Jamais on ne les attrape : on voudrait les prendre en flagrant délit de désespoir... mais

comment faire? Leur désolation est déjà consolée! Où est leur vraie personne? Leur vraie personne n'est pas là, elle est toujours *ailleurs*, à moins qu'elle ne soit nulle part...

> En tête-à-tête avec la femme
> Ils ont toujours l'air d'être un tiers

dit Jules Laforgue de ses Pierrots. Ils ressemblent aux sophistes, ces tricheurs qui n'ont jamais tort dans le détail, bien qu'ils n'aient jamais raison dans l'ensemble, étant toujours, comme dit Bergson des parallélistes, à mi-chemin entre deux idées. On ne les embarrasse pas facilement, ces Panurges de l'ironie, avec leurs sorites, leurs boniments et leurs charades! Panurge c'est notre conscience : l'aérienne, l'insaisissable, l'espiègle conscience qui se subdivise à l'infini et qui, prise chaque fois sur le fait, s'évade chaque fois; comme cet escamoteur de Hiéronymus Bosch qui est au musée de Saint-Germain-en-Laye, ou comme les charlatans, jongleurs et filous de Jan Steen, elle a mille tours dans son sac. Elle excelle à subtiliser un obstacle, à piper les cartes, à dissimuler par fraude le point faible d'un raisonnement, à nous faire prendre le discontinu pour du continu, et elle s'échappe par un glissement insensible, dès que nous croyons la fixer. « Regarde, dit à son danseur, le pauvre Giglio, la princesse Brambilla, tournant autour de toi je t'échappe au moment même où tu pensais me saisir et me tenir solidement. » Ainsi l'ironie devance toujours le désespoir : elle fait la pirouette et, en moins de temps qu'il n'en faut pour le dire, elle a déjà escamoté la cause de notre tourment; à la barbe du destin nous voilà devenus jardinier, géomètre ou violoniste, et notre personne file en contrebande sous les masques les plus variés. Dans ces ruses de l'ironie on a déjà reconnu un talent propre à l'intelligence et que nous appellerons, d'un mot, l'*art d'effleurer*. L'ironiste ne veut pas être profond; l'ironiste ne veut pas adhérer, ni peser; mais il touche le pathos d'une tangence infiniment légère, et quasi impondérable; amoureux, il n'aime qu'avec une petite portion de son âme, comme Fontenelle; quand il se fâche, c'est pour ainsi dire du bout des lèvres; et quand il regarde, c'est à la manière d'Erik Satie [1], « du bout des yeux »! Il badine avec tous les sentiments, mais n'insiste jamais; parce que sa conscience s'articule en délicates allusions, elle ne peut être que superficielle et elle a la coquetterie de sa frivolité : elle appelle cela politesse, bon goût, ou comme on voudra. Qui trop embrasse, mal étreint... mais la conscience ironique ne désire pas étreindre : elle préfère papillonner d'anecdote en anecdote, de plaisir en plaisir, et goûter de tout sans se poser nulle part; elle sait la préface de toutes les passions, mais la préface seulement, car elle part toujours avant la fin : l'amour ironique, par exemple, est un éternel avant-propos, et qui joue avec les préliminaires sans s'engager à fond, et qui évite l'appassionato. Au lieu de se griser uniquement du même vin, au lieu de vider sa coupe, l'ironie préfère se composer une ivresse multicolore avec tous les alcools de la passion; de chaque philtre elle boit une gorgée, et elle est la première à s'amuser de ses propres ivresses. Ce n'est pas qu'elle soit moins folle que la conscience passionnée, mais sa folie est plus légère : elle est folle d'avoir ainsi trempé ses lèvres dans mille breuvages différents. Sa devise serait (si l'on ose lui appliquer ici les formules de Pascal) : *Peu de tout*, et non pas : *Tout d'une seule chose*; elle s'oppose donc à l'esprit de géométrie qui déduit implacablement, avec une espèce de fanatisme rectiligne, et qui va tout droit aux extrémités. L'ironie, semblable à l'esprit de finesse, représenterait plutôt ce qui freine notre logique affective; multiple et déliée, l'ironie ne pèse presque plus sur les sentiments; et comme l'esprit de finesse s'abstient de tout définir et de tout prouver, ainsi l'ironie apprend à ne pas trop raisonner sur son propre raisonnement, à fuir les démonstrations linéaires ou trop appuyées; contre les lourdes

1. « Du bout des yeux » : *Tyrolienne turque*. « Du bout des dents » : *Fugue à tâtons*. « Du bout de la pensée » : *Ire Gnossienne*.

spécialisations du cœur, l'ironie affirme les droits d'un « amateurisme » raffiné et presque impondérable qui effleure successivement tous les claviers. Son régime naturel est donc le pizzicato, ou mieux le staccato. Le pointillisme du staccato, effleurant les touches, ne dissipe-t-il pas le nuage de pédale qui, laissant vibrer le son, pérenniserait dans une sorte d'apothéose l'ébranlement pathétique de l'âme? Ce n'est pas un hasard si les théoriciens de l'honnêteté, au XVIIe siècle, ont beaucoup raillé les exclusivismes professionnels : mais n'y a-t-il pas aussi un exclusivisme passionnel qui enfonce au lieu de glisser, et qui ignore l'esprit d'ironie, l'esprit de légèreté et de souplesse, l'esprit de scherzo?

Car l'ironie est la souplesse, c'est-à-dire l'extrême conscience. Elle nous rend, comme on dit, « attentifs au réel » et nous immunise contre les étroitesses et les défigurations d'un pathos intransigeant, contre l'intolérance d'un fanatisme exclusiviste. Car il y a une culture de l'universalité intérieure qui nous maintient alertes et détachés... A cet esprit de pizzicato on reprochera son dilettantisme, sa sécheresse abstraite. Mais au contraire, l'ironie ne mesure-t-elle pas tout le chemin parcouru de l'instinct gourmé à la subtile intelligence? Le propre de l'instinct est de ne vouloir qu'une chose, mais de la vouloir à fond, et de rabâcher, et de souligner lourdement; jamais il ne s'arrête à mi-chemin sur la route du plaisir. L'intelligence, elle, est la pensée des rapports; elle peut, si elle veut, se rendre indifférente à sa matière, s'abstenir d' « effectuer »; aptitude infinie à poser des problèmes, elle peut faire comme si rien n'existait, et c'est pourquoi Bergson la dit formelle ou « hypothétique ». Elle triomphe de nos dernières adhérences et nous conduit jusqu'au bord de l'abstraction la plus aiguë. Nous voilà immatériels, blasés, disponibles et supérieurement incrédules, à la fois maîtres des choses et de nous-mêmes. L'ironie n'est-elle pas la liberté, c'est-à-dire le mouvement qui nous porte *au-delà*, ἐπέκεινα?

Le progrès de l'ironie va donc du même pas que le progrès de la conscience. L'esprit se délivre d'abord des objets par le recul, par l'« atlas » et par le « calendrier »; pareillement, il se débarrasse de lui-même en pratiquant tour à tour la « justice de succession » et la « justice de coexistence » : la première, tournée à la fois vers l'arrière et vers l'avant, soumet notre conscience à l'ironie du corps et de la société; et la deuxième préside, en bonne diplomate, au pacte des « incompossibles ». L'ironie nous présente la glace où notre conscience se mirera tout à son aise : ou, si l'on préfère, elle renvoie à l'oreille de l'homme l'écho qui répercute le son de sa propre voix. Et ce miroir n'est pas « le sinistre miroir où la mégère se regarde [1] », mais le lucide, le sage miroir de l'introspection et de la self-connaissance. Voilà les jeux baroques de la « réflexion » tels que les découvre, au XVIIIe siècle, la jonglerie acrobatique d'un Scarlatti [2]. Il nous a fallu vaincre bien des répugnances pour aller ainsi de la périphérie au centre, pour ironiser finalement sur ce qui nous est le plus cher : notre conscience, notre instinct, notre plaisir... Et pourtant, un rien suffit à décontenancer ce superbe pathos drapé dans sa fausse dignité! Le sérieux est essentiellement fragile. Notre respect s'envole quand nous découvrons à quelles causes minuscules tiennent les plus grandioses événements de l'histoire ou de la vie intérieure; tout ce qui faisait notre orgueil d'êtres pensants s'écroule soudain en laissant voir la misère de notre vraie nature, et notre désillusion est aussi amère que celle du patricien qui découvre, caché dans sa généalogie, quelque aïeul peu reluisant. Décidément on nous manœuvre de toutes parts... Comment nous prêterions-nous encore à cette comédie? Les perles fausses imitent les vraies à s'y méprendre, et les automates deviennent indiscernables des vivants; la dérision des succé-

1. BAUDELAIRE, *L'Heautontimorouménos*.

2. Il y a tout un « thème du miroir », c'est-à-dire du dédoublement réflexif, non seulement chez Metsys et Titien, mais chez Hoffmann, Fr. Schlegel. La *Prudenza* d'Antonio del Pollaiolo (école florentine) se regarde dans un miroir. Le jeu de l'écho dans la musique « baroque ».(un *piano* répondant à un *forte*) fait pendant au thème du miroir.

danés semble prouver que rien n'est irremplaçable. L'ironie, c'est la gaieté un peu mélancolique que nous inspire la découverte d'une pluralité; nos sentiments, nos idées doivent renoncer à leur solitude seigneuriale pour des voisinages humiliants, cohabiter dans le temps et dans l'espace avec la multitude; les nouveautés avouent leur vieillesse et tournent à la confusion des naïfs; l'univers s'anime, mais la particularité s'atrophie; et il y a dans le monde tout à la fois plus de variété et moins de ferveur. On ne peut pas adorer plusieurs absolus, aimer d'amour plusieurs femmes ensemble, avoir, comme cet homme du monde, cinq cents amis, dont trois cents intimes; une aussi choquante profusion insulte au mystère du sentiment et au sérieux de la confidence. Il faut donc choisir entre l'intimité et la justice. Ironiser, c'est choisir la justice. On songe aux témoins, à la société qui rira de nous, au passé et au futur qui nous regardent, aux autres régions de nous-mêmes qui veulent aussi leur dû, à cet innombrable non-moi autour du moi. On ne me laisse plus en tête à tête avec l'instant : l'instant souverain, au double sens de *présence* et de *présent*, l'instant n'est plus qu'un point dans la durée et dans l'espace. Hélas! pourquoi ne peut-on à la fois être raisonnable et ardent?

CHAPITRE II

LA PSEUDOLOGIE IRONIQUE ; ET DE LA FEINTE

Ἔσῃ ποτὲ ἄρα, ὦ ψυχή, ἀγαθὴ καὶ ἁπλῆ καὶ μία καὶ γυμνή ; (MARC-AURÈLE, Εἰς ἑμαυτόν. X, 1.)

Quand seras-tu, mon âme, simple et nue?

Nous connaissons à présent le « genre » de l'ironie, mais non pas encore sa « différence spécifique ». L'ironie, disions-nous, est la conscience : mais d'où vient que cette conscience soit, précisément, de qualité ironique? et comment ferons-nous maintenant pour distinguer la réflexion moqueuse ou cinglante et la réflexion sérieuse? Car il y a une réflexion « sérieuse », et qui ne songe pas à railler son objet... Nous devons ainsi définir l'essence la plus intime de l'ironie, caractériser la tonalité *dérisoire* qui incline une conscience neutre vers le sourire. Assurément ce sont là des questions auxquelles, en un sens, on ne peut plus répondre; autant demander pourquoi la douleur est douloureuse, ou l'émotion émouvante, ou ce qui fait l'« haeccéité » irréductible de la personne. « On ne sait que répondre, mais on marche! », comme dit Joseph de Maistre après Diogène le Cynique, en opposant les évidences du sens commun aux apories zénoniennes. Et, en effet, on a envie de répondre à ceux qui attendent de nous l'analyse du mystère : Faites l'expérience! On ne peut pas savoir, à moins de rester au dedans de son propre rire ou de sa propre tristesse... Renonçons donc à trouver ce qui est objectivement ironique dans l'ironie, à dépister dans nos sentiments quelque chose de substantiel et, pour ainsi dire, un territoire minuscule où se localiserait leur

Je-ne-sais-quoi. Toutefois, si elle est indéfinissable, l'ironie n'est pas pour autant ineffable; on ne peut en analyser la structure, mais on peut sans doute en décrire l'allure; on peut, pour tout dire d'un mot, *philosopher sur la qualité*. S'il y a quelque chose d'instructif, c'est bien le contraste entre notre embarras et la sûreté de coup d'œil qui permet à l'intuition commune de s'y reconnaître parmi les nuances innombrables de l'ironie : humour, satire, persiflage...

1. Variétés du secret et de l'allégorie.

L'ironie est une certaine façon de s'exprimer. Elle se communique, on le verra, sans se communiquer; mais, enfin, elle s'adresse nécessairement à un milieu social, sans lequel ses cachotteries elles-mêmes perdraient toute signification. Il y a, sous ce rapport, autant de registres dans l'ironie que de systèmes de signes dans la vie intellectuelle : par exemple, la pantomime ironique, qui s'exprime par gestes, l'ironie plastique qui dessine des caricatures, enfin et surtout l'ironie du langage, écrit ou parlé, la plus nuancée et la plus maniable de toutes les ironies, — car si les autres se meuvent le long d'une échelle plus ou moins « défective », celle-ci circule et module vivement sur tous les degrés de la gamme. Est-ce à dire que l'ironie soit un simple genre littéraire, ou une figure de rhétorique? Disons seulement que l'ironie est sur le même plan que le λόγος, c'est-à-dire la pensée exprimée et exprimable, et qu'elle suppose un interlocuteur actuel ou virtuel dont elle se cache à moitié.

L'ironie pourrait s'appeler, au sens propre du mot, une *allégorie* [1], ou mieux une ψευδολογία, car elle pense une chose et, à sa manière, en dit une autre. Notre langage est naturellement allégorique ou pseudologique, entretenant avec la pensée qu'il a soi-disant

1. HOFFMANN, dans *Princesse Brambilla* (début du chap. III), oppose l'humour allemand, qui est « allégorique », à la bouffonnerie italienne.

charge d'exprimer une relation complexe et plus ou moins médiate. Mais nos idées sur la fonction du langage sont toutes viciées par la vieille théorie réaliste de l'Expression qui, à son tour, repose sur une sorte de préjugé paralléliste : on veut que le signe révèle le sens et que la même quantité d'être figure ici et là, invisible dans l'idée, incarnée dans le mot; même les plaintes des philosophes et des poètes sur l'« inexprimable », sur l'*ineffable* et l'*indicible* s'expliquent, en somme, par un dogmatisme déçu : en droit, le langage devrait être fidèle comme la perception devrait être véridique; et l'on s'indigne d'être trahi, et l'on déclame contre le logos grammatical, et l'on donne volontiers dans un illusionnisme qui n'est que le dépit amoureux des dogmatiques. Tout serait simple si l'on voulait bien ne plus imaginer une « traduction », Dieu sait quelle transfusion d'une pensée miraculeusement évoquée en sons et en signes; mais pour cela il faudrait d'abord renoncer à l'idée d'une correspondance « juxtalinéaire » entre les idées et les mots. C'est ce que les vues de Bergson sur l'aphasie nous aideront à mieux comprendre. Si les souvenirs « logeaient » dans le cerveau, chaque zone du cortex devrait commander une certaine catégorie d'images verbales; et de même, si la pensée était coextensive aux phrases, à chaque morceau de phrase devrait correspondre un morceau de pensée. En fait, il en est de l'Expression comme des rapports du corps et de l'âme : le parallélisme est incontestable en gros, bien qu'il soit toujours absurde dans le détail; incontestable, en ce sens que le cerveau est bien la condition de la mémoire, et que s'il n'y avait pas de langage il n'y aurait pas non plus de pensée visible... Mais nous n'en savons pas davantage, car expression et impression restent dissymétriques. Disons, d'un mot, que cette cause est de l'ordre de l'ἄνευ οὗ et non pas du δι' οὗ. Le langage ressemble à une traduction très libre dans laquelle le sens général se trouve, après coup, passablement exprimé. L'expression n'est jamais fidèle que d'une manière approximative. Ce qui est ridicule dans les localisations cérébrales... ou grammaticales, c'est leur précision. Ou le mot, pris à part, n'est rien du tout, ou il est déjà une pensée complète, et c'est sans doute ce qu'on voulait dire quand on expliquait le concept comme une synthèse de jugements virtuels. En ce sens, la paronymie n'est pas l'exception, mais bien la règle, cela même qui rend notre langage tortueux, indirect et ambigu. Passe encore pour les synonymes, car il n'y aura jamais trop de mots pour exprimer les inflexions innombrables de la pensée; en réalité, la synonymie n'est qu'un à-peu-près, et qui embarrasse seulement les intelligences pauvres, myopes et sommaires; un mot ne fait jamais, à proprement parler, double ou triple emploi avec un autre. En revanche, l'homonymie ou l'équivoque est la loi même de l'expression et la source de tout malentendu : elle signifie que nous sommes, tout ensemble, infiniment riches et désespérément pauvres : vocabulaires et pantomimes se compliquent en vain pour égaler les nuances délicates, les inépuisables finesses du cœur. Nos signes sont comme des disques de phonographe : ils sont tous noirs, durs et brillants, et pourtant l'un, sous l'aiguille, jouera le grand air de *Louise*, et l'autre les *Véritables préludes flasques pour un chien*, d'Erik Satie. Dans les circonvolutions cérébrales, comme dans les symboles du langage, le « localisateur » ne trouve guère que des homonymes, et il se laisse prendre aux jeux de mots ironiques de la nature. Comme un même symptôme, voire un même syndrome de symptômes peuvent signifier bien des maladies différentes, ou comme une même mimique peut traduire plusieurs émotions, ainsi un même mot — vibration sonore dans l'espace auditif, signe graphique dans l'espace visuel — peut desservir d'innombrables significations intentionnelles. En d'autres termes il y a infiniment plus de nuances dans les subtilités et complexités qualitatives de l'intention qu'il n'y a de touches sur le clavier rudimentaire du sensorium ou de combinaisons possibles dans le registre des signes : c'est dire qu'une foule d'ultra-intentions ne trouveront pas leur signe univoque sur cette pauvre gamme. Le mensonge, revenant à une juxtalinéarité aussi littérale que frauduleuse, est l'exploitation sophistique de ce surplus de pensée en peine; le mensonge réserve pour la guerre cet excédent de sens non incarné; le mensonge puise ses ressources manœuvrières dans la non-coextensivité du sens et du signe. Les signes sont trop grossiers pour des nuances trop impalpables... La complexité de ces aiguillages sémantiques est ce qui rend tout diagnostic tâtonnant, toute herméneutique chanceuse, toute divination miraculeuse! N'est-ce pas la mer à boire? Appelons flair ou intuition l'infaillible Ariane qui guidera nos pas dans cette zone contentieuse, allusive et labyrinthique de l'approximation.

Ainsi, nous voilà ramenés aux paradoxes de *L'Évolution créatrice* sur les « modes de l'union » : le langage, comme l'œil, représente plutôt un obstacle tourné qu'un moyen employé; les hommes parlent non pas tant pour se faire comprendre que pour se dérober, et le piquant réside en ceci qu'ils doivent être mécompris pour être mieux compris! Le langage est donc un obstacle qui est un organe; il intercepte, et il laisse passer — car le sens ne peut passer qu'intercepté et rétréci. Cette contradiction résume toute la tragédie de l'Expression : il faut que la pensée se limite pour exister, ou, comme nous le disions ici même : on ne peut pas être à la fois tout et quelque chose. Les Cyniques, ces provocateurs, qui tournent scandaleusement le *Quamvis* en *Quia* et le *Malgré* en *Parce que*, et font de l'objection une raison de plus, les Cyniques portent, par défi, la paradoxologie à son comble. Ce paradoxe est lui-même une ironie, ou mieux une dérision (car n'est-il pas dérisoire que l'infini ait besoin de ce qui le dément?), dérision reconnaissable déjà dans l'ambiguïté des rapports entre corps et âme, cerveau et mémoire, œil et vision. Toute l'essence dialectique de l'organe-obstacle, c'est d'être un *impossible-nécessaire*, et Frédéric Schlegel qui, considérant la seule inadéquation de l'idée au réel, supprime l'une des deux moitiés dont la réunion compose l'absurdité du rapport, Schlegel, qui supprime l'élément necessaire, futilise la tragédie et verse dans l'« angélisme » frivole [1] : car où manque l'un des deux contradictoires, la contradiction en général est volatilisée. Plus dialecticien, Solger fait davantage honneur à la nécessité de l'incarnation. C'est qu'il faut deux éléments pour définir l'alternative de l'Expression : il faut le tragique de l'inexprimable, et il faut le pis-aller de l'existence finie. L'instrument est donc un impédiment, mais l'impédiment sera un instrument. Des obstacles à ma route me sont une route, écrit Henri Delacroix; car non seulement la route est une victoire relative sur l'obstacle, mais c'est l'obstacle qui définit, trace et canalise le chemin comme chemin. Aussi faut-il choisir entre l'infinité dans l'inexistence informe et la détermination concrète, mais limitante. Sans doute, les âmes, dans la république des anges, communiqueraient-elles immédiatement, sans que les mots filtrent l'intention; mais en attendant cette pentecôte métaphysique, convenons que le langage représente ici-bas un pis-aller, ce qu'on pouvait faire de mieux dans un monde où le silence, hélas! est muet et non point éloquent. D'ailleurs, le malentendu des équivoques et des univoques se corrige assez facilement; nous apprenons à lire « entre les lignes » comme l'esprit à penser entre les concepts; et Dieu sait qu'il est inutile d'en dire long pour se faire entendre parfois des plus sourds! Nous savons déjà capter les ondes mystérieuses qui cernent chaque mot, qui le rendent suggestif et inégal à lui-même; tout ce que le commentaire nous dirait, nous l'avons compris d'un seul coup, et la double trahison du langage, à la fois appauvrissant et déformant, exalte encore davantage notre imagination. C'est une philologie toute spontanée et aussi infaillible que l'instinct. L'esprit supplée, corrige, interpole, perçoit enfin cette ponctuation secrète qui est au-delà de la phrase visible et qui est à celle-ci comme la musique

1. Cf. Féodor Steppoune, *La Tragédie de la création* in *Logos* russe, 1910, t. I (Moscou, « Musagète »). Recueilli dans *Vie et création* (en russe), chap. II.

des sphères, selon les Pythagoriciens, aux mouvements astronomiques. « Évoquer, dans une ombre exprès, par des mots allusifs, jamais directs, se réduisant à du silence égal... » : ainsi s'exprime Stéphane Mallarmé [1], prêtre de l'occulte et théoricien de l'hermétisme. Seul le géomètre, écrivait Alain, ne dit que ce qu'il dit; le poète ne dit pas ce qu'il dit, dit ce qu'il ne dit pas, tantôt plus, tantôt moins, autre chose enfin! Pourtant ce sont encore des mots qui servent à nous faire oublier les mots; pour volatiliser la matière, il nous faut d'abord accepter la matière, et l'artiste le sait bien, qui s'installe dans le monde des corps figurés. En cela consiste sans doute l'acrobatie du « style »; à tout moment nous devinons, derrière la lettre, la secrète respiration de l'esprit, et à tout moment le poids de la lettre risque de nous retenir au sol. Pour lire ce qui n'est pas écrit, pour entendre ce qui n'est pas proféré, il faut que le silence se peuple. Nous dansons ainsi sur une corde tendue entre le trop et le trop peu, entre l'esprit famélique qui a voulu s'envoler d'un seul coup et l'esprit beau parleur à qui les mots ont fait oublier le sens.

Ainsi rien n'est absolument droit, simple, loyal. La surface est comme la peau : elle cache plus qu'elle ne révèle, elle dissimule en exhibant et fourvoie en manifestant, mais en fourvoyant elle manifeste, quoique d'une manière indirecte et oblique. Telle est l'ironie du « chiasme ». Trahir, n'est-ce pas à la fois révéler et fausser? C'est donc pour les logiciens que le langage est une manifestation directe, substantielle et véridique de la pensée. Primitivement, les hommes n'ont pas le souci d'être clairs, mais bien plutôt de tricher, — *aliud ex alio significare*, comme dit Augustin — et de se rendre plus persuasifs en allégorisant; le symbolisme, loin d'être un raffine-

1. *Divagations*, p. 245-246 (Suggestion), 326 (Magie). Cf. p. 327 (sur les métaphores). P. 283-284 (« Le mystère dans les lettres ») : « ... Je crois décidément à quelque chose d'abscons, signifiant fermé et caché... » Cf. Henri BREMOND, *La Poésie pure* (1926).

ment moderne, est aussi vieux que le monde, et Creuzer a fortement montré combien la pensée primitive se soucie peu de suivre la ligne droite dans l'explication des choses divines. Dans le christianisme lui-même Augustin n'a pas cherché à diminuer le rôle des prophéties, figures « prénonciatives » et locutions « tropiques » : *figuratis velut amictibus obteguntur ut sensum pie quaerentis exerceant et ne nuda ac prompta vilescant...; ut quasi subtractata desiderentur ardentius et inveniantur desiderata jocundius* [1]. Par exemple les paraboles ne doivent pas s'entendre *ad proprietatem*. De là vient sans doute l'alliance immémoriale de la poésie et de la philosophie [2] : si la pensée s'enferme sans utilité apparente dans le rythme du vers, ce n'est pas pour se faire mieux comprendre, mais pour être mécomprise; au lieu de dire tout uniment ce qu'elle veut dire, elle se fait bizarre, lointaine et compliquée. La poésie sort voilée comme une Égyptienne [3]. Toute notre logique ici n'y fera rien : l'hermétisme spontané est plutôt affaire de magie que de pédagogie, et la pensée apprentie, usant des « figuratifs », joue déjà avec toutes les formes du secret. On méconnaît à l'ordinaire le double visage du secret, fermé au dehors, ouvert au dedans : assurément, l'arcane est d'abord refus, puisqu'il désigne ce qu'on ne dit pas aux autres, ou, du moins, à tout le monde; mais, d'autre part, un secret dont personne n'a le mot n'est guère plus occulte qu'un hiéroglyphe de Polichinelle. Le sphinx, l'animal énigmatique et ambigu, a incarné le paradoxe de cette contradiction. Le profane suppose l'initié. S'il y a secret, il y a confidence, c'est-à-dire confiance : quelqu'un sait, quelqu'un a en dépôt une vérité sur laquelle il veille jalousement, mais qu'il partage néanmoins avec un autre... ou avec Dieu. Un secret qu'on est vraiment seul à détenir, un tel secret rendrait malades les plus robustes, et on peut même se demander s'il existe

1. *Contra mendacium*.
2. Cf. NIETZSCHE, *Par-delà le bien et le mal*, aph. 196, 289-290.
3. NIETZSCHE, *Le Voyageur et son ombre*, II, aph. 105.

une conscience assez intrépide pour supporter ce tête-à-tête, sans en mourir; seule une psychanalyse appropriée, en divulguant le grand secret qui nous consume, nous rendrait le sommeil et l'appétit. Ce qu'il y a de plus puissant dans le secret, ce n'est donc pas le mutisme qu'il impose, c'est la complicité qu'il crée entre ceux qui en sont porteurs; il est à la fois tacite et explicite, exclusif et confiant; il ferme la bouche aux initiés, il calfeutre portes et fenêtres, mais ce silence dont il s'enveloppe est un silence qui en dit long [1]. Le secret, comme le *Deus absconditus* de Pascal, est un mystère éloquent et déjà plus qu'à moitié manifeste. Qu'il s'agisse du « secret à deux », qui est le secret des amants, ou du « secret à plusieurs » qui cimente les communautés religieuses ou politiques, il y a toujours une aristocratie du secret, avec ses privilégiés, ses emblèmes, sa mythologie et ses serments. D'avoir vu ensemble une chose très rare, de détenir ensemble quelque secret accablant, un de ces témoignages qui sont si lourds à porter et qui vous donnent un peu le vertige, crée déjà entre deux êtres une fraternité perdurable, une sorte d'entente non concertée qui ne se discute pas, bien qu'elle soit sans raison; ils se regardent, ces deux conspirateurs, comme des carbonari que liguerait jusqu'à la mort, non pas l'estime raisonnée de l'un pour l'autre, mais la conjuration mystique du secret. Voilà pourquoi la violation d'un grand secret nous semble, de toutes les trahisons, la plus sacrilège : elle favorise l'intrusion du profane entre le confesseur et le pécheur, défait l'intimité de la confidence et, pour tout dire, rompt le charme. Le secret, comme il tend à se refermer, tend de même à s'ouvrir : il en est du secret comme de la mode qui perpétuellement se laisse copier par les classes pauvres, et perpétuellement se retranche ailleurs, renouvelant le menu et la garde-robe pour rester ésotérique; la mode, c'est l'alternance d'une contagion et d'un reflux, l'imitation pourchassant la nouveauté. Moder-

1. Ὁ ἄναξ οὗ τὸ μαντεῖόν ἐστι τὸ ἐν Δελφοῖς οὔτε λέγει οὔτε κρύπτει, ἀλλὰ σημαίνει (HÉRACLITE, Bywater, 11).

nité signifie « avant-garde », mais aussi « conformisme ». Cette duplicité se retrouve dans le secret : plus grand le secret, plus tentante l'indiscrétion; il est de ces secrets qui vous brûlent les lèvres et qui tiennent en équilibre on ne sait trop comment, entre le mystère et la publicité; ils pendent ainsi au bout de la langue, toujours prêts à s'ébruiter, malgré les consignes. Depuis que le monde est monde, la plèbe a passé son temps à traquer les mille secrets des snobs, et les snobs à déjouer la curiosité de la plèbe; mais les snobs ont beau faire, il y a des fuites; sans cesse ils changent le chiffre, et sans cesse on devine leurs énigmes, comme dans ces romans à clef où un anonymat transparent camoufle à peine les notables de la ville. La science, d'autre part, profane tour à tour tous les mystères; on ne peut rien lui cacher, on ne peut même pas rester distingué. Est-ce le respect qui se perd, ou la clairvoyance qui grandit?

Concluons que le secret rapproche, dans l'acte même par lequel il retranche, et qu'il n'y a pas de secret s'il n'y a pas de communion dans le secret; comme dans la mélodie immortelle de Fauré [1], le secret ne dit non à l'un que pour dire oui à l'autre. Que le matin ignore le nom chuchoté à l'oreille de la nuit! Que le couchant oublie la confidence reçue par le jour! Tel est un grand amour jaloux qui aime *contre quelqu'un*, qui a besoin de refus, de relief et de contrastes; même la musique de Fauré, qui est une sorte de secret, cette musique est tout entière « en sourdine » parce qu'elle veut qu'on tende l'oreille, parce qu'elle s'adresse à des âmes très attentives; elle parle bas, pour être perçue par des âmes préparées à l'entrevision du mystère, pour être mieux entendue par ceux qui méritent d'entendre.

> Pénétrons bien notre amour
> De ce silence profond.

Le frémissement passionné du *Don silencieux* nous fait la même confidence : « Je mettrai mes deux mains

1. *Le Secret*, *op*. 23. Cf. *Le Don silencieux*, *op*. 92.

sur ma bouche pour taire ce que je voudrais tant vous dire... » C'est donc à bon droit qu'on parlerait ici de mystique. Le myste, c'est littéralement celui qui se tait, qui sait quelque chose que les autres ne savent pas. Nous le croirions de reste, même s'il n'y avait pas eu d'orphisme ou d'éleusinisme : toute vérité n'est pas bonne à dire; on ne répond pas à toutes les questions, du moins on ne dit pas n'importe quoi à n'importe qui; il y a des vérités qu'il faut manier avec des précautions infinies, à travers toutes sortes d'euphémismes et d'astucieuses périphrases; l'esprit ne se pose sur elles qu'en décrivant de grands cercles, comme un oiseau. Mais cela est encore peu dire : il y a un temps pour chaque vérité, une loi d'opportunité qui est au principe même de l'initiation; avant il est trop tôt, après il est trop tard. Est-ce la vérité qui s'insère dans l'histoire? ou la conscience qui se développe selon la durée? La chose certaine est qu'il y a toute une déontologie du vrai qui repose sur la saisie irrationnelle de l'occasion opportune et, comme nous dirions volontiers, de la flagrante conjoncture. La véridicité ou diction de la vérité est un événement historique. Ce n'est pas tout de dire la vérité, « toute la vérité », n'importe quand, comme une brute : l'articulation de la vérité veut être graduée; on l'administre comme un élixir puissant et qui peut être mortel, en augmentant la dose chaque jour, pour laisser à l'esprit le temps de s'habituer. La première fois, par exemple, on racontera une histoire; plus tard on dévoilera le sens ésotérique de l'allégorie. C'est ainsi qu'il y a une histoire de saint Louis pour les enfants, une autre pour les adolescents et une troisième pour les chartistes; à chaque âge sa version; car la pensée, en mûrissant, va de la lettre à l'esprit et traverse successivement des plans de vérité de plus en plus ésotériques. Aux enfants le lait des enfants, aux adultes le pain substantiel des forts : c'est en ces termes que Paul s'adresse aux Corinthiens et aux Hébreux. Le cycle des études a, lui aussi, ses Petits et ses Grands Mystères, sa τελετή et son ἐποπτεία; et l'on peut même dire que toute philosophie qui se propose la conduction des âmes vers l'essence cryptique — Platon avec sa dialectique, Pascal avec le renversement du pour au contre, — admet plusieurs *degrés de vérité*. Le voilà bien, le « pieux mensonge », celui qui est plus vrai que la vérité même! Il est « pédagogique » de laisser l'esprit s'égarer pour, insensiblement, l'infléchir vers une de ces vérités augustes qu'on n'aborde que de biais, — car leur vue nous briserait le cœur; la vraisemblance sert de vestibule au vrai comme le mythe, chez Platon, prend la place de la science dans les questions relatives à la destinée de l'âme. Loin que ce rationnement des esprits ait quelque chose d'obscurantiste, nous devrions y voir plutôt un effet de la pudeur et comme le contrepoison de la sincérité grammatique, de l'inhumaine sincérité, vertu des pharisiens et des taureaux. Le respect du mystère combat efficacement notre fringale et nous empêche de brûler toutes ces étapes que rendent nécessaires la majesté de la chose cryptique et l'étroitesse de notre poitrine. Pour ne pas mourir de sincérité, nous consentons à être obliques et retors.

Ainsi se développent non seulement une *paraphilosophie*, en marge de la philosophie officielle, mais aussi au sein même de celle-ci, une *cryptophilosophie* qui ne s'adresse qu'à quelques-uns, qui choisit ses lecteurs et ses confidents. Il y a de même dans notre langage toute une « philosophie arcana » et comme un ésotérisme naturel. Le « style », observe Nietzsche [1], repousse en même temps qu'il accueille, — car le goût, c'est le refus. Pour comprendre la fonction de l'ironie, il nous faut comprendre la duplicité de la conscience, en d'autres termes la disjonction qui ne cesse de s'aggraver entre l'esprit et les signes de l'esprit. L'esprit fait comme la nature, dont il éprouve, encore novice, qu'elle le déçoit, qu'elle n'est pas ce qu'elle paraît être, qu'elle veut être déchiffrée. Deux siècles avant Platon, le poème de Parménide distingue déjà

1. *Le Gai Savoir*, aphorisme 381 (à rapprocher de 371). Cf. Fr. SCHLEGEL, *Ueber die Unverstandlichkeit* (éd. Minor, II, p. 386-395).

deux voies (ὁδοί), celle de la vérité et celle de l'opinion (δόξα). L'ambiguïté de l'Apparence, toujours moyenne entre l'Être et le Non-Être, nous inspire une salutaire méfiance qui est, on le verra, l'ABC de l'ironie. L'Apparence n'est pas rien, quoiqu'elle ne soit pas vraie, et c'est bien cela qui la rend si perfide. « Maîtresse d'erreur et de fausseté », dit Pascal de l'imagination, *et d'autant plus fourbe qu'elle ne l'est pas toujours.* L'apparence n'est pas la réalité, c'est entendu, et pourtant il y a en elle quelque chose qui est relativement vrai, elle participe du réel; plus exactement : elle est autre chose que ce qu'elle annonce; mais... autre chose, c'est encore quelque chose; c'est pourquoi il existe une herméneutique de l'apparence, un art d'interpréter les simulacres, et c'est pourquoi aussi Platon et Plotin, dans l'image, savent retrouver la consistance de l'Idée. L'image est ce qui imite : si elle ne ressemblait en rien à son paradigme, pourrait-elle amorcer une dialectique érotique ou esthétique? L'ambiguïté du mot, au surplus, nous l'indique : l'« apparent » n'est-il pas tout ensemble le superficiel et le patent? Le phénomène désigne pour un métaphysicien ce qui n'est pas « en soi », tandis que pour un physicien il désigne l'évidence. L'équivoque du Paraître et de l'Apparaître rend possibles les dérobades de la conscience. La conscience exploite avec virtuosité la dissociation de l'apparence et de l'être : pas plus que les qualités perçues ne ressemblent à l'essence noétique, les idées ne ressemblent aux mots ou le dire au faire. Désaccord de la pensée avec le langage, désaccord de la pensée avec l'action, et finalement désaccord de la pensée avec elle-même! La conscience ne cesse de compliquer le labyrinthe de ses mensonges, jusqu'à perdre de vue son propre moi; c'est à ne pas s'y reconnaître; la société aidant, notre conscience se fait profonde, zigzagante et clandestine; dédoublée simultanément par l'intérêt, par la vanité et par la politesse, elle joue cent parties à la fois, confond son premier personnage avec les rôles que lui prêtent les salons, ourdit de souterraines et inexplicables stratégies, s'embrouille enfin avec délices dans ses propres fabulations. La voici, cette conscience trop ingénieuse, telle qu'elle s'est fabriquée elle-même, plus fardée que Pierrot, avec ses colliers de périphrases et son pourpoint multicolore, toute chamarrée de mensonges et d'ambages et jonglant avec des quiproquos. Et maintenant, fixons avec attention ce visage enfariné pour y surprendre le délicat sourire de l'Ironie.

2. Du renversement ironique.

Une bonne conscience, disions-nous, est un *scherzando*. Or il manque quelque chose. L'art aussi est une bonne conscience; et la spéculation. Pourtant la spéculation et l'art ne sont pas ironiques. Il leur manque l'oscillation entre les extrêmes et le mouvement de va-et-vient dialectique de contraire à contraire qui fait toute l'ambiguïté du jeu. L'ironie est une bonne conscience ludique : non pas une bonne conscience simple et directe, mais une bonne conscience retorse et médiate qui s'impose à elle-même l'aller et retour jusqu'à et depuis l'antithèse. Le jeu est la mauvaise conscience à l'envers : ce qui est stationnaire dans celle-ci est alternatif en celui-là. La demi-conscience, écartelée entre objectivité et subjectivité, reste en panne à mi-route avec ses demi-objets; c'est plus fort qu'elle! Elle est malheureuse de n'être ni trop consciente ni trop inconsciente; car elle peut faire, mais non défaire. L'ironiste, au contraire, est une bonne conscience joueuse qui peut tour à tour faire et défaire, évoquer et révoquer. Si le jeu oubliait de défaire, il se confondrait avec l'art, qui d'ailleurs est bien une espèce de jeu; le jeu, ironique en cela, ne laisse jamais vivre bien longtemps sa propre illusion... Il n'en est que plus indispensable de distinguer la Fiction, qui est artiste, et la Feinte, qui est artificielle; celle-là qui est une œuvre, celle-ci qui est une manœuvre; celle-ci conduite, mimique ou opération pure, celle-là fable, roman, mythe ou statue. Son côté destructeur ou révocateur place décidément l'ironie en marge de l'art, si la vocation de l'art est d'édifier des formes plastiques et des œuvres consistantes ayant leur sens en elles-mêmes : les œuvres de l'ironie sont chiffres évanouissants et lieux de passage; l'ironie est une mythogénèse stérile, une poésie qui n'aboutit jamais à un poème, en ce sens que c'est la ποίησις elle-même qui est le ποίημα, la πρᾶξις qui est le πρᾶγμα, la production qui est le produit, l'opération qui est l'ouvrage. Telle Pénélope la rusée, pour gagner du temps et berner la violence usurpatrice, défait tous les soirs l'ouvrage du matin. Et, notez-le, ce n'est pas le destin qui défait au fur et à mesure l'ouvrage de l'homme — car le supplice de Sisyphe est à base de désespoir et de non-sens : la tâche sans fin de Pénélope n'est pas une absurde dérision comme le rocher du forçat, mais au contraire un stratagème plein de sens et, à sa manière, un chef-d'œuvre de l'ingéniosité odysséenne; au faux ouvrage de l'épouse répond la feinte subtile de l'époux qui rentre déguisé en mendiant. Ici l'industrie de Pallas l'ouvrière, au lieu d'achever l'ouvrage, fait de cet ouvrage même un ouvrage second, un moyen et une machine en vue d'une œuvre plus haute, plus essentielle, plus impalpable : le linceul de Laërte devient un chiffre et un prétexte, une supercherie pour rester fidèle à l'époux; la fausse trame sert à dissimuler une autre trame, une trame plus secrète, une trame invisible ourdie par l'épouse patiente. L'ironie fait et défait sans cesse sa tapisserie de Pénélope, son ouvrage perpétuellement naissant; à l'endroit ou à l'envers, elle ne cesse de « faire », ποιεῖν. Toutefois les deux opérations que Pénélope exécute tour à tour ne sont dans l'ironie qu'une seule et même opération; ou mieux : l'ironisé qui comprend l'ironie de l'ironiste et entre dans son jeu parcourt successivement les deux phases de l'interprétation, — l'épagogie du soir après l'apagogie du matin, comme Pénélope! Mais vue du camp ironisant, l'allégorie n'est plus qu'une seule activité, une activité ironique : l'ironiste fait donc en une fois ce qui pour l'ironisé s'articule en deux processus. L'ironie, battement ou vibration d'extrême à extrême, s'oppose donc à l'intermédiarité stagnante d'une mauvaise conscience qui voudrait défaire, et ne le peut; car la mauvaise conscience reste un événement pathique du sujet, et ne conduit pas l'Autre quelque part, et languit d'être mixte, statiquement et douloureusement mixte. Mais l'ironie ne s'oppose pas moins à l'extrême bonne conscience de l'art qui se perd en son objet; toutefois alors que l'art nous délivre en allant jusqu'au bout de l'objectivation et de l'extroversion, l'ironie nous délivre en retournant en arrière — non pas en arrière vers cette inconscience ou innocence supralapsaire qui est la nostalgie du pécheur dédoublé, mais en arrière vers plus de conscience, vers une conscience plus intense, plus pétillante, plus concentrée: la conscience artiste se libère en expirant dans l'œuvre, qui est conscience solidifiée et limite terminale du mouvement procréateur, alors que la conscience ironique se libère dans ce mouvement lui-même. L'ironie n'accepte d'être ni pétrifiée dans le marbre ni médusée dans le désœuvrement du souci : mais elle dépanne ce désœuvrement par une projection qui s'accomplit dans l'œuvre, tandis qu'elle anime l'œuvre par l'opération. Cette œuvre contestée, volatilisée, ironisée, cet ouvrage-fantôme en un mot que chaque soir vient remettre en question, c'est la trame pénélopéenne de l'ironie; chaque soir, lorsque les prétendants ont le dos tourné, la rusée conscience vient sur la pointe des pieds arracher les fils de la toile arachnéenne et, en détissant l'ouvrage qu'elle a tissé, remettre en marche l'opération.

L'opération, c'est l'ouvrage de l'ironie, et c'est aussi l'ouvrage du jeu. Comme toute activité ludique, l'ironie détache la conscience de l'intérêt utilitaire auquel elle adhérait; comme le jeu encore, l'ironie implique le battement dialectique, le rebroussement et la médiation. Mais le « jeu » tout court n'est au service de rien : ayant sa finalité en lui-même, il n'est pas orienté vers quelque chose d'autre; il n'a pas d'intention, il n'est pas aimanté par une fin transcendante; ce qu'on exprime quand on le dit désintéressé. Le jeu est pour rire et pour le plaisir. De plus il reste sans conséquence ni retentissement posthume : il circonscrit comme une oasis en pleine vie sérieuse, il isole son jardin clos dans le loisir et la récréation, et le protège jalousement contre la quotidienneté prosaïque; cette conduite seconde et discontinue, doublant de sa frivolité les conduites primaires du travail, ou plutôt les suspendant par intermittences, est donc un instrument de sécession et d'évasion. Enfin le jeu est ambigu, impliquant à la fois la conscience de sa propre futilité et la tentation subvolontaire de s'y laisser prendre : il organise une guerre pour rire, une comédie de destin, mais avec l'arrière-pensée que cette partie est comme un abrégé de l'aléa destinal, que ce jeu est une guerre elliptique, que cette chasse sans danger est une stylisation de l'aventure dangereuse [1]; le joueur va et vient avec délices de l'illusoire au sérieux, retournant au sérieux, c'est-à-dire bagatellisant le jeu dès que le jeu commence à l'effrayer, fuyant dans le jeu dès que le réel recommence à l'ennuyer; il se rapproche le plus possible pour qu'on l'attrape, et fuit juste à temps avant d'être pris... Que d'émotions délicieuses dans cette folle course où l'on est toujours absent et toujours présent, toujours sur le point d'être sérieux! A la fois maître et victime de son faux mais passionnant destin, le joueur sourit de se voir ainsi à califourchon sur le mensonge et la vie, sur le secondaire et le primaire; le cœur lui bat d'être du même coup metteur en scène ou spectateur désabusé d'un spectacle, et acteur passionné d'un drame! — Or l'ironie, elle, n'est pas une parenthèse ni une enclave détachable dans ce contexte général du vécu qu'on appelle le Sérieux et qui est aussi notre totalité destinale... Qui oserait sans ridicule réserver le sérieux pour les jours ouvrables et l'ironie pour le dimanche? De même que l'intelligence est au service de la vie comme l'instinct, quoique plus indirectement que l'instinct, de même que l'artifice est une périphrase de la nature, mais une nature malgré tout, que le « conseil » est un cas particulier du « précepte » et le luxe une variété raffinée du nécessaire ou (si l'on ose dire) une nécessité de luxe, de même

1. Georg SIMMEL, « Das Abenteuer » (*Philosophische Kultur*, 1911), p. 11-28.

l'ironie n'est peut-être, après tout, qu'un sérieux un peu compliqué; l'ironie est une circonlocution du sérieux. Car tout ce qui est humain est sérieux, y compris les heures fériées des jours de fête. L'ironie n'est pas imperméable aux infiltrations du vécu sérieux et laborieux; non : la membrane qui sépare allégorie et tautégorie est le lieu d'une osmose perpétuelle, en ce sens que l'ἄλλο (et, plus encore, l'ἐναντίον) est une forme desserrée et un peu fantaisiste du ταὐτό; l'autre se révèle comme étant le même par l'intermédiaire ou médiation des moyens. Le détour ironique est donc, au point de vue de la signification, une sorte de broderie, une appoggiature de la *via recta*, quelque chose comme une licence poétique; ces fioritures de l'intellect virtuose poussent sur un fond de coïncidence juxtalinéaire qui est la limite tautégorique de l'allégorie. Qu'est-ce que la complication, sinon une simplicité qui s'est entortillée, plissée sur elle-même par trop de conscience? Le complexe, c'est le simple à la seconde puissance, comme le simple est le complexe sans exposant. En l'espèce : l'ironie ne se contente pas, tel le jeu, d'annuler le faire par le défaire en sorte que le *statu quo* se reforme après la partie comme s'il ne s'était rien passé. L'ironie est un progrès, et non point une île de vaine gratuité : là où l'ironie est passée, il y a plus de vérité et plus de lumière. L'ironie, parce qu'elle démolit sans reconstruire explicitement, nous reporte toujours plus outre : elle reconduit l'esprit vers une intériorité plus exigeante et plus essentielle. Enfin une ironie digne de ce nom exclut toute équivoque : celle du jeu qui oscille entre créance et scepticisme, et qui éprouve l'un et l'autre tour à tour comme le bon public au théâtre; celle même des certitudes incertaines qui, telle la pensée de notre propre mort, se rapportent à deux aspects différents d'un événement, — car ma mort est certaine en son ὅτι, c'est-à-dire en son effectivité, et indéfiniment ajournable en sa date, c'est-à-dire en son ὅταν; et si je suis convaincu de sa nécessité générale, je ne suis nullement persuadé qu'elle me concerne personnellement... L'ironiste croit sans croire, donc il ne croit pas; ou plus exactement il s'applique, s'il est vraiment ironiste ironisant, à ne pas confondre le sens propre, qui est révoqué en doute, et le sens figuré, qui est article de créance; équivoque pour le seul ironisé, toujours univoque pour l'ironisant, l'ironie ne perd jamais le fil; l'ironie tient ferme à son système de référence, c'est-à-dire distingue entre la lettre et l'esprit et garde le contrôle du rapport exact de l'esprit à la lettre. L'ironiste est comme un acrobate qui se livre à des rétablissements vertigineux au bord de la crédulité et ne tient, en bon funambule, que par la précision de ses réflexes et par le mouvement. L'ironie n'est donc pas la demi-gnose crépusculaire et ambiguë d'un objet clair-obscur, l'ironie est au contraire un savoir extra-lucide, et si maître de soi qu'il se rend capable de jouer avec l'erreur, comme l'Ulysse de l'*Hippias mineur* est si renseigné sur le vrai qu'*a fortiori* il peut dire le faux.

Tout à l'heure, opposant la bonne conscience artiste et la bonne conscience ironique, nous ne savions plus distinguer entre la bonne conscience ironique et la bonne conscience ludique. Maintenant, ayant opposé l'ironie et le jeu, nous n'allons plus pouvoir distinguer entre la bonne conscience ironique et la mauvaise conscience menteuse, entre Éros et Satan, ou plus précisément entre la vraie bonne conscience et la fausse bonne conscience. L'ironie en tant que trope est une variété de cette allégorie qui est « pseudégorie »... Mais, pour l'instant, nous n'en savons pas davantage. La mendacité, l'ironie l'a en commun avec l'hypocrisie, avec la vantardise, et pourtant, l'ironiste n'est ni un tartuffe ni un hâbleur. Hypocrite, fanfaronne ou ironique, assurément la conscience, dans ces trois cas, est une conscience labyrinthique, pleine de galeries, de couloirs secrets et d'anfractuosités, une conscience truquée qui a plusieurs issues, une intrigante qui a beaucoup de cachettes; le langage n'est plus le clair et fidèle miroir de nos sentiments, ou plutôt sa fidélité est si indirecte qu'on ne peut comprendre sans rectifier; les apocryphes eux-mêmes sont des témoignages, à condition qu'on les critique ! Certes le menteur et l'ironiste sont tous deux, par opposition au joueur, des pseudologues qui ne perdent pas la tête et gardent la maîtrise de la contradiction. Mais le mensonge est une mauvaise bonne-conscience, car il adhère encore à son intérêt égoïste, car il n'est pas détaché de son égo, car son objectivité même est actionnée par des ressorts étroitement personnels; il n'est donc pas, comme l'ironie, capable de généralité, de vérité et de désintéressement. L'égo massif, voilà le point faible de l'annexionnisme pléonexique, et la limite à partir de laquelle l'hypocrisie redevient sincérité, innocente et relative inconscience. Paradoxe bien édifiant, dont l'explication est dans la grossièreté crasse de l'égo : c'est l'intention de tromper qui est la plus facile à déjouer et la plus vulnérable, ses manigances étant cousues de ce gros fil blanc dont sont bâtis l'avarice, l'arrivisme et l'instinct d'importance; et c'est au contraire la bienveillante ironie qui exige de l'interprète le plus de finesse et le plus de nuances. En réalité l'ironie est une pseudo-pseudologie, un mensonge qui se détruit lui-même comme mensonge en se proférant, et désabuse l'abusé, et détrompe le trompé, ou plutôt laisse à ce soi-disant trompé les moyens de se détromper lui-même. Certes toutes les transitions sont représentées entre l'ironie-bouffe et l'ironie fine qui se trahit par une intonation, un signe des yeux, un adjectif à peine forcé, une moue imperceptible du visage, je ne sais quelle outrance légère ridant tout à coup la surface d'une phrase sérieuse... Ce trait du moins leur est commun : l'ironie ne veut pas être *crue*, elle veut être *comprise*. C'est-à-dire « interprétée ». L'ironie nous fait accroire non ce qu'elle dit, mais ce qu'elle pense; bonne conductrice, elle s'arrange pour que l'on croie ce qu'elle insinue ou laisse entendre; dans ses simulations mêmes elle n'oublie pas de nous mettre sur la bonne voie, elle fait le nécessaire pour qu'on devine ses transparents cryptogrammes. A nous de savoir en profiter! La lettre du mensonge est une lettre adhésive et visqueuse, c'est-à-dire une lettre morte, tandis que la lettre de l'ironie est transitive et vraiment toute vivante, car elle promet, car déjà elle annonce l'évangile de ce pneuma qui est la vie même en toute littéralité. Le but du mensonge est d'empêcher le rebondissement du leurré sur les signes, de prévenir, en même temps que le double mouvement intellectif et signifiant, cette « réflexion » qui est détente ou élan vers le pneuma; le pénétrant impénétrable, comme dit Gracian, prétend voir sans être vu, déjouer le jeu des autres sans qu'on lise dans le sien; la transparence de ses chiffres est donc à sens unique! Le menteur n'est occupé qu'à épaissir l'allo de son allégorie, à en faire un écran opaque et un pseudonyme impénétrable, au lieu que l'allégorie ironique n'a souci que de rendre son allo à elle plus transparent; si transparent, si mince, si diaphane que cet allo coïncide à la limite avec ταὐτό et qu'on peut lire en filigrane l'intention même de l'ironiste. Après le masque du gangster, destiné à brouiller les pistes et à embrouiller la police, voici, comme chez Fauré et Debussy [1], le masque de la fête bergamasque, le masque du bal masqué, le masque de la coquette dont le seul but est d'éprouver ses galants et de dérouter pour se faire reconnaître. C'est que le vrai sens du mensonge reste extérieur aux chiffres mensongers et ne peut se lire directement en eux, mais simplement se conclure par inférence réflexive, toute l'industrie du menteur étant précisément de nous retenir au-delà de cette périphérie murée, de nous barrer l'accès du centre. Faire le jeu du tricheur, c'est donc prendre la lettre pour de l'argent comptant et c'est être la dupe inconsciente et docile d'une fraude; faire le jeu de l'ironie, qui est le jeu impersonnel de la vérité, c'est au contraire dire non à la lettre pour, en toute lucidité, dire oui à l'esprit. De l'hypocrisie à l'ironie [2] il y a aussi loin que du mensonge immoral au mensonge loyal ou de la mauvaise foi à la bonne. Car c'est la qualité du for intime qui fait toute la différence entre les deux

1. FAURÉ, *Masques et bergamasques*. DEBUSSY, *Masques; Suite bergamasque*.

2. Sur les rapports de l'ironie et de l'hypocrisie : HEGEL, *Grundlinien der Philosophie des Rechts* (Werke, VIII, p. 195-201); *Phänomenologie des Geistes*, éd. Lasson, p. 426-430.

pseudologies : le mensonge est en malice et en dol ce que l'ironie est en sympathie; le mensonge est une exhibition dissimulante inspirée par une intention malveillante. Or c'est bien autre chose que de tromper *en* aidant ou de tromper *pour* aider, de cacher ou égarer en guidant, ou de cacher pour guider et pour révéler... Exprimer pour taire, et en taisant exprimer quand même, mais par hasard et raccroc, c'est-à-dire sans l'avoir voulu, — telle est la mauvaise volonté du menteur, tel le bien involontaire message du faussaire, quand ses chiffres sont déchiffrables. Exprimer pour voiler, mais aussi voiler pour mieux suggérer; écrire pour être mécompris, mais finalement se faire mécomprendre pour convertir plus efficacement son prochain à ce qu'on croit être la vérité : voilà l'invisible visibilité, la transparente opacité du masque ironique, voilà cette intériorisation extériorisante qui est, du même coup, extériorisation intériorisante; ici l'induction en vérité ne résulte pas d'une inadvertance accidentelle (comme l'enfant non désiré dans un faux ménage), mais d'une intention anagogique, d'une expresse bonne volonté de connaissance et de communication. M. R. Schaerer, qui insiste beaucoup sur la dualité ironique [1], montre comment le dédoublement-inducteur développé par l'ironiste induit chez l'« ironisé » un dédoublement inverse. Expliquons à notre tour : il y a symétrie spéculaire entre les deux dédoublements, l'interprète parcourant à l'envers ou à reculons le chemin qu'à l'aller avait parcouru l'ironiste; l'ironisé *re*pense ce que l'ironisant a pensé; l'*épagogie*, dirions-nous, se replie ou se rabat sur l'*apagogie*. Agogie partout! Agogie qui est essentiellement, qui est finalement *anagogie*, c'est-à-dire, comme dans le *Banquet* de Platon, dialectique ascensionnelle et conduction vers les hauteurs; l'ironie est une double mobilité, une active circulation dans le circuit du chiffre et du sens. Et pourtant ce voyage du sens au sens à travers les chiffres ne doit pas évoquer l'image de la clôture, mais plutôt celle de l'ouverture;

1. René SCHAERER, *art. cit.*, p. 186.

ce voyage n'est pas un détour, ni du temps perdu; ce voyage est, comme toute médiation, une épreuve; l'ironisé ne se contente pas d'annuler ou compenser purement et simplement une fausse manœuvre, ni de tenir pour zéro une fleurette de rhétorique, une fioriture ou gentillesse du langage; et, en ce sens, le déchiffrage des chiffres n'est pas le simple rétablissement du *statu quo*. La vérité à laquelle l'ironisé, enfant prodigue, retourne finalement est une vérité trempée par le péril du malentendu, par les menaces d'erreur et par le jeu du contraire avec son contraire. C'est donc l'ironie qui est réellement ouverte; et c'est le mensonge qui est clos, les voies agogiques étant en lui bouchées, bloquées, obstruées par une mauvaise foi intéressée à faire dérailler sa dupe. De là l'aspect égocentrique et si lourdement médiocre du mensonge. Méphistophélès et Socrate sont, chacun à sa manière, des ironistes : mais celui-là est stérilisant parce que malveillant et intéressé seulement à nous perdre, et celui-ci est fécondant parce qu'il accouche les esprits; celui-là désagrège en persiflant, tandis que celui-ci analyse en faisant comprendre. Menteur et ironiste, ils sont tous deux, par opposition à l'homme simple et substantiel, des personnages fondants, porteurs d'un exposant complexe et d'une signification évasive; tous deux sont des hiéroglyphes à interpréter par effort herméneutique. Mais le mensonge est un état de guerre et l'ironie un état de paix; le trompeur n'est pas en société avec le trompé : mais soit qu'il réussisse à duper sa victime, soit que la dupe ait vent de quelque chose, et, prenant à son tour conscience de la surconscience, cherche à en déjouer les ruses et les énigmes, dans les deux cas les hostilités sont ouvertes; toutes les armes sont permises à la perfidie pour s'assurer l'avantage dans une enchère d'inimitié où il s'agit non de vérité, mais de puissance. La conscience crédule est en retard sur la conscience trompeuse, laquelle cherche à garder son avance; et au lieu que l'ironisé qui reste en synchronisme avec l'ironiste accomplit, en somme, la volonté ésotérique de ce dernier, la dupe qui cherche par l'interprétation à se mettre au courant du jeu pseudégorique est une victime méfiante en état de légitime défense : elle veut rattraper le décalage frauduleux. Par exemple le cheval de Troie n'est pas une ironie, mais une ruse de guerre et une machine à tromper : le trompeur ici ne veut pas le bien de sa dupe, il veut seulement gagner sa guerre. C'est que le menteur méprise son partenaire, ou plus exactement le traite en chose ou concept abstrait, bon tout au plus à entrer dans son jeu et à servir ses intérêts personnels; on n'estime pas ce que l'on trompe! on ne s'intéresse pas à ce qui n'est qu'un moyen au service d'une fin! Le mensonge, exploitant notre tendance naturelle à croire, tendance qu'il dévie vers ses fins intéressées, est littéralement un « abus » de confiance et une escroquerie... L'ironie, au contraire, assouplit notre créance. L'ironie fait ensemble honneur et crédit à la sagacité divinatoire de son partenaire; mieux encore! Elle le traite comme le véritable partenaire d'un véritable dialogue; l'ironiste est de plain-pied avec ses pairs, il rend hommage en eux à la dignité de l'esprit, il leur fait l'honneur de les croire capables de comprendre... « Il comprendra toujours, celui qui doit comprendre... », dit Tolstoï [1]. Qu'y a-t-il de plus navrant qu'une ironie qui tombe à plat, faute d'oreilles assez fines pour la saisir? L'ironie est donc gnostique. L'ironie (celle du moins qui n'est pas dédaigneuse moquerie ou persiflage obscurantiste) l'ironie sollicite l'intellection; elle éveille en l'autre un écho fraternel, compréhensif, intelligent. A jeu agile, ouïe subtile! L'ironie est un appel qu'il faut entendre; un appel qui nous dit : complétez vous-mêmes, rectifiez vous-mêmes, jugez par vous-mêmes! Pour les sceptiques, comme on l'a très bien remarqué [2], le partenaire est simplement un adversaire qu'il faut réduire au silence : seule l'ironie socratique a connu l'*interlocuteur* dans l'amitié du dialogue. Car l'ironie fait parler. L'ironie délie les

1. *La Mort d'Ivan Ilitch*, XII.
2. Micheline SAUVAGE, *Socrate et la conscience de l'homme*, p. 97.

langues. L'ironie nous convie à accomplir le mouvement intellectuel qui nous fera trouver, comme écrit Baltasar Gracian dans *El Discreto*, le « contre-chiffre » des chiffres, qui devinera les arrière-pensées, lira entre les lignes, comprendra à demi-mot. Cette voix démonique nous dit : Cherchez, et vous trouverez! Et de là vient qu'elle trame entre les deux partenaires de la corrélation pseudologique une manière de complicité ou de consentement clandestin qui est fait d'estime mutuelle et qui est tout semblable au Charme : car le Charme est, comme l'Ironie, l'état de paix; car l'Ironie, comme le Charme, obtient ce sourire d'intelligence et d'amitié qui signifie la conversion de l'égoïste imbécile à la bienveillance, qui met fin à la saison de la colère et de la fraude. Le mensonge est la relation unilatérale ou irréversible d'une activité à une passivité et d'un agent à un patient, l'un qui est trompeur, l'autre qui est trompé ou pur participe-passé-passif; plus rigoureusement encore : le mensonge est la relation d'un vivant à un cadavre — car mentir à son frère, c'est le traiter comme un mort, comme un vivant qui est mort. Et l'ironie, elle, est la *corrélation* bilatérale de deux activités qui se réchauffent l'une l'autre, l'ironisé étant, par la grâce de l'ironie, promu lui-même au rang d'ironiste. Le mauvais guide, le guide de mauvaise volonté égare sa dupe, et puis il l'abandonne dans les ténèbres et dans la solitude. Tandis que le trompeur laisse le trompé seul et reclus en son erreur, l'ironiste et l'ironisé coopèrent de compagnie à une œuvre commune, à une œuvre d'ironie; après le rapport *despotique* ou irréciproque d'inférieur à supérieur, qui implique hiérarchie soupçonneuse, méfiance et subordination, voici la fraternisation symposiaque; il n'y a pas d'ironie dans le grand-sérail de Constantinople où sont les complots, les muets et les pièges; mais le banquet athénien qui est le banquet des libres propos et de la volubilité dialectique, le banquet de la recherche en commun, ce banquet ne sait rien des breuvages empoisonnés et des narcotiques de la fraude! L'ivresse n'est plus abrutissante, mais exaltante et interrogeante : Alcibiade fortement émoustillé, Socrate toujours sobre malgré les libations, communient dans l'égalité et dans l'échange lucide ; le champagne de l'ironie, qui pétille au fond des coupes, crée parmi les convives une griserie légère ; dans une même ébriété le vin du *Banquet* enveloppe cette interversion dionysiaque des rôles, ce chassé-croisé du maître et de l'élève : Socrate, le maître des cinq autres convives, renonce à la dénivellation magistrale et devient à son tour l'élève de Diotime ; le sage se met à l'école d'une femme ! Et *vice versa*, le maître feignant d'être le disciple de ses disciples, les disciples se sentent devenir maîtres. Et notez que ce n'est point là confusion ni anarchie, mais universelle promotion des égaux à la vérité : le maître-élève et les élèves-maîtres, ils sont tous appelés par la même vocation. C'est plutôt l'ordre du mensonge qui est un chaos, le fourbe retenant le trompé dans son anormale dépendance et perpétuant ainsi une injustice qui devrait n'être pas viable : la dupe est, dans cet absurde système, traitée en malade incurable, et les stratagèmes de la duperie ressemblent à des somnifères destinés à abrutir davantage le malade, à l'endormir dans l'hébétude d'une crédulité mal placée. Le *Cratyle* [1], entre deux calembours, dit profondément : le mensonge est le contraire du mouvement, τὸ ψεῦδος τοὐναντίον τῇ φορᾷ, car il arrête la *course divine*, θεία φορά. La torpille du mensonge n'engendre que la torpeur, c'est-à-dire la première moitié de l'aporie. Seule la torpille de l'ironie produit l'effet complet, car elle engourdit pour dégourdir et retarde pour éveiller et activer ; elle secoue la somnolence de la présomption satisfaite, elle appelle l'inconscient à plus de conscience ; après la narcose voici la féconde et vigilante réflexion. Οὐ καθευδητέον ἐν τῇ μεσημβρίᾳ, il ne faut pas dormir à midi ! Gardez-vous bien de faire la sieste... C'est que la torpeur d'ironie n'était pas un sommeil comme celui de la dupe, ni une complaisance comme la sottise : la torpeur d'ironie était un désarroi et un provisoire embarras. L'ironie est donc bien au

1. 421 *b*.

mensonge comme la lévitation à la gravitation. Le mensonge est une lourdeur; il attache une pierre au cou de sa victime pour la noyer, au lieu que l'ironie tend la perche à celui qu'elle égare. A nous de saisir cette perche secourable (car on ne peut faire le salut des gens malgré eux). Si le trompeur éloigne le trompé du sens pneumatique et le laisse s'enfoncer dans la littéralité grammatique, l'ironisé, au contraire, rebondit légèrement de gramma à pneuma; sur le tremplin des chiffres, l'ironisé, comme un trapéziste, prend son élan pour atteindre l'intention ésotérique. Les voilà bien, les ἐπιβάσεις καὶ ὁρμαὶ dont il est question à la fin du sixième livre de la *République*, les ἐπαναβασμοί aussi qui sont pour la prêtresse Diotime les échelons successifs d'une grande escalade décorporéisante [1]! Il est dialectique de traiter l'hypothèse en hypothèse, c'est-à-dire en moment agogique pour aller toujours au-delà; et il est mathématique au contraire de transformer l'hypothèse en thèse et la supposition en position. Certes le géomètre a transcendé le sérieux de la sottise qui adhère au sol gluant et prend l'ombre pour la proie, — car le sot est celui qui s'en tient là, et déclare qu'en voilà assez avec l'épuisant dynamisme de la régression, et s'arrondit bourgeoisement dans son modeste exposant de conscience; mais si le géomètre est assez dialecticien pour convertir en copies les pseudo-modèles de l'homme sérieux, il ne l'est plus assez pour convertir également en copies les modèles dont ces modèles sont les copies; la mathématique, sous ce rapport, est une dialectique stoppée à mi-chemin et une incomplète ironie; et *vice versa* la dialectique est une métamathématique, une hypergéométrie qui mobilise toute thèse par une ὁρμή infinie, qui ne prend nul « moment » *au sérieux* et traite toute image en image, c'est-à-dire en icône, vérité provisoire et allusion à quelque chose d'autre. *Allusio, illusio!* Les plus superficiels parmi les Anciens [2]

1. *République*, VI, 511 *b*. *Banquet*, 211 *c*.

2. Cicéron : illusio (*De Oratore*, II, 270; *Brutus*, 299; cf. *Ad Familiares*, IV, 2, 1 : lettre à Servius Sulpicius). Quintilien : inlusio (*Institut. orat.*, VIII, 6), jocus (VI, 3). Cf. IX, 2.

ont été surtout sensibles à l'aspect futilisant de cette déréalisation ironique : sans doute la gravité romaine blâmait-elle ce qui est « ludique » dans l'allusion; sans doute en était-elle restée à une demi-dialectique qui l'empêchait de goûter le sel de l'illusionnisme ou allusionnisme platonicien et le sérieux du jeu. Car ce sérieux est un secret, et un secret attique. C'est le secret de la vérité allusive.

L'ironie, telle que nous la décrit le premier des *Caractères* de Théophraste [1], est une sorte de προσποίησις, une simulation, dirions-nous, plutôt qu'une dissimulation, une conduite pleine de manigances et de rétractations (πλοκαὶ καὶ παλιλλογίαι), une intrigue insidieuse et compliquée (ἐπίβουλα καὶ οὐχ ἁπλᾶ). De quelle nature est cette simulation? Le comble de la liberté consiste à jouer le jeu de l'adversaire, à entrer dans les vues de son ennemi et, comme le proposeront Tieck et Frédéric Schlegel, à paraître renier ses amis, à vouloir une chose et à pouvoir faire le contraire, à agir, en toute circonstance, διὰ τῶν ἐναντίων : *per contrarium* [2], *Permutatio ex contrario :* c'est ainsi que la *Rhétorique à Hérennius* définit l'antiphrase ironique. Cette souplesse d'esprit, cette capacité de détachement, ce pouvoir d'articuler l'expression sur l'intention sont des habiletés proprement grecques [3]. On alléguera peut-être que le Christianisme est tout entier *per contrarium*. Mais d'abord, ce n'est pas Jésus qui est l'ironiste, c'est plutôt le mystérieux destin qui est l'ironie. Ce n'est pas Jésus qui simule le désespoir, c'est son père qui fait semblant de l'abandonner; et ce n'est donc pas Dieu

1. Consulter NAVARRE, *Revue des études grecques*, 1914, p. 404-405; Th. GOMPERZ, *Les Penseurs de la Grèce*, III, p. 528 (et II, p. 50).

2. ARISTOTE, *Rhétorique à Alexandre*, 22, 1434 *a*, 18 : ... τοῖς ἐναντίοις ὀνόμασι τὰ πράγματα προσαγορεύειν. Cf. TRYPHON, Περὶ τρόπων (*Rhetores graeci*, III) : λόγος διὰ τοῦ ἐναντίου τὸ ἐναντίον μετά τινος ἠθικῆς ὑποκρίσεως δηλῶν. PS. PLUTARQUE, *De vita et poesi Homeri*, 68.

3. Wilhelm BÜCHNER, in *Hermès*, 1941, IV *(Ueber den Begriff der Eironeia)*, cite entre autres exemples le discours d'Alcibiade dans THUCYDIDE, VI.

qui feint de mourir, mais la mort de Dieu qui est cette feinte elle-même. Ce n'est pas le supplicié qui se moque, ce sont les bourreaux qui le parodient et le bafouent. Il n'ironise pas, celui qui au jardin des Oliviers murmure : περίλυπός ἐστιν ἡ ψυχή μου ἕως θανάτου, triste est mon âme, triste à mourir! et qui un instant même a souhaité que l'épreuve lui soit épargnée, que soit écarté de ses lèvres le breuvage d'agonie et de tribulation *(transeat a me calix iste...)*, ce breuvage que le sage avait vidé sans sourciller [1], comme si l'amère ciguë lui paraissait insipide et la mort indifférente; il n'ironise pas, celui qui se trouve, comme dit Luc, ἐν ἀγωνίᾳ [2], dans l'extrême combat de l'agonie. Et il ne badine pas davantage, celui qui sur le Calvaire s'écrie : θεέ μου, ἱνατί με ἐγκατέλιπες; *ut quid dereliquisti me?* et qui dit : J'ai soif, διψῶ [3], pour que les bourreaux l'abreuvent avec le vinaigre d'angoisse. C'est que la croix n'est pas une feinte stratégique ni, comme le trépas nihilisé du sage, un οὐδὲν πρὸς ἡμᾶς, mais une tragédie *usque ad mortem*, une tragédie qui, dans la ténèbre profondissime de la nuit (καὶ σκότος ἐγένετο ἐφ' ὅλην τὴν γῆν), atteint pendant une minute le point infime du désespoir... Oui, il y a loin du vin du *Banquet*, qui délie les langues et rend la pensée plus volubile, au vin mélangé de myrrhe qui est le vin des suppliciés, le vin du Golgotha, le vin du délaissement et de la très amère solitude! L'ironie, c'est l'hétairie et la conversation. Effectivement Socrate meurt en compagnie, comme Héraclès meurt assisté jusqu'au bout par l'amitié de son très fidèle Philoctète. Non certes, il n'est pas mort seul, raconte Phédon : οὐκ ἔρημος ἐτελεύτα φίλων... Παρῆσάν τινες, πολλοί γε [4]; ses amis l'accompagnent jusqu'à l'extrême seuil et là le remettent à d'autres amis, aux amis de « là-bas », aux ἑταῖροι bienheureux,

1. *Phédon*, 117 *b* : ἵλεως,... οὐδὲν τρέσας οὐδὲ διαφθείρας οὔτε τοῦ χρώματος οὔτε τοῦ προσώπου.
2. *Luc*, XXII, 44.
3. *Jean*, XIX, 28.
4. *Phédon*, 58 *c-d*.

pour qu'il n'y ait jamais d'interruption dans le dialogue et jamais de recueillement silencieux devant la mort. Cette mort athénienne n'est-elle pas une feinte? Or Jésus meurt renié par Pierre, trahi par Judas. « Et ainsi Jésus était délaissé seul à la colère de Dieu. Jésus cherche de la compagnie ou du soulagement de la part des hommes. Mais il n'en reçoit point, car ses disciples dorment [1]. » Quelle distance entre le *Mystère de Jésus* et un Socrate sans mystère entouré d'amis vigilants et loquaces? Il y a plus : la prospérité des méchants n'est pas une plaisanterie, mais un scandale; ni un désordre provisoire, quelque chose comme une étourderie du destin, mais un mystère. C'est l'impénétrable mystère de l'injustice immanente. Faut-il compter pour une dernière inversion, plus machiavélique encore que les autres, ce fait que la religion des humbles est paradoxalement devenue celle des puissants, que les gueux et les journaliers ont été remplacés dans le cortège de Jésus par les maîtres de forges et les marchands de vins? Un abaissement infini appelle en compensation un mouvement surnaturel, seul capable d'intervertir l'interversion, comme tout à l'heure une ironie raisonnable appelait chez l'ironisé qui l'interprète une μεταστροφή également raisonnable. Dans la feinte socratique la conscience ne perd pas, en manœuvrant, le lucide contrôle de son système de référence : aussi suffit-il à l'ironisé d'être intelligent pour la comprendre, pour renverser l'antiphrase et pour remettre à l'endroit ce qui est écrit à l'envers. Mais l'amphibolie christologique est si déroutante, si équivoque est l'ambiguïté de l'incarnation que l'on manquerait de s'y méprendre, à moins d'obtenir la grâce de croire, cette grâce arrivant à l'homme dans l'innocence du doute le plus extrême. La détente est donc aussi énergique que la chute était vertigineuse et la détresse ignominieuse. C'est la profonde respiration de l'humilité et de la charité, l'oscillation aiguë entre les extrêmes. Et l'on comprend maintenant en quel sens le chiasme des premiers et

1. *Mystère de Jésus* (*Pensées*, VII, 553).

des derniers, et les paradoxes pauliniens sur l'échange de la raison et de la déraison, et les huit contre-pied des « Béatitudes » peuvent passer pour des ironies: la folie est une sagesse et la sagesse une folie; les pauvres seront riches et les riches seront pauvres. Le pauvre Lazare connaîtra la gloire et l'épicier en gros les peines de l'enfer... Mais la remise en ordre n'est pas pour ici-bas! Mais la revanche est renvoyée à l'au-delà! Oui, le moqueur sera moqué,... dans l'autre monde! Là où la condescendance au mal et la transfiguration de ce mal ne sont plus qu'un seul mouvement et une seule paradoxologie comme dans la surnaturalité du pardon, peut-on encore parler de feinte?

Tout ce qui est bon et grand est paradoxal, écrivait Frédéric Schlegel. Or il est bon et grand de ne pas être ce que l'on est, en paraissant être provisoirement ce qu'on n'est pas. Ou mieux : on reste bien ce que l'on est, mais on n'en a pas l'air, et moins on en a l'air, plus on le reste. C'est donc en ayant l'air du *contraire* qu'on sera soi-même le plus énergiquement. Entre les possibles que l'intelligence lui donne à choisir, l'ironie choisit l'altérité la plus aiguë : elle exprime non pas quelque chose d'autre que ce qu'elle pense, comme n'importe quelle allégorie, mais le contraire, qui est l'autre le plus autre; l'extrêmement-autre. Et elle est *antégorie* en cela. Elle va d'un extrême à l'extrême opposé de cet extrême, c'est-à-dire *a contrario ad contrarium*. L'ironie christologique n'est pas vraiment ironique, parce qu'elle va d'un contradictoire à l'autre, et que le contradictoire est la pure et simple négation de son contradictoire : or on ne joue pas avec un danger mortel, on en meurt; c'est-à-dire qu'à moins d'un miracle on s'y laisse prendre, loin d'en revenir. Mais la pseudologie socratique est bien une ironie, parce que l'amplitude de son oscillation ne dépasse pas les contraires, qui sont les deux termes les plus opposés à l'intérieur d'une même série; si cette ironie est bien une ironie, c'est qu'elle relationne de vrais corrélats et se meut dans un champ empirique; et si la pseudologie hyperbolique de Jésus est plutôt tragédie qu'ironie, c'est que le champ des contradictoires est un champ vertigineusement métempirique. Un intellect agile rebondit sur son contraire : mais la vie ne rebondit pas sur le rien de la mort, qui est l'absolument Sérieux, qui est, plutôt que moindre être, négation totale, effective et définitive de tout être; la vie ne rebondit pas sur la non-vie (si elle rebondit sur la moindre-vie, son contraire), mais elle « y reste » : ce qui s'appelle, justement, « mourir », la résurrection désignant en ces matières le miracle par excellence, qui est victoire surnaturelle et inconcevable sur l'irréversible. La mort n'est-elle pas le contradictoire superlatif et la grande négation de toute position? Résumons ceci : on ne joue pas avec la mort, car on en meurt; par contre, on joue à cache-cache avec les variétés empiriques du danger. On ne feint pas d'être *rien*, car ce serait devenir pour de bon ce rien, donc s'annihiler dans l'inexistence; mais on feint d'être *néant;* à plus forte raison endosse-t-on toutes les modalités, livrées et manières d'être de l'altérité. Alors que l'antithèse absolue immobilisait l'enchère dès le commencement, l'antithèse relative mobilise au contraire les simulations industrieuses. Ne reconnaît-on pas de dehors une libre volonté à l'imprévisibilité de ses réactions, à ce signe qu'elle peut, si telle est sa fantaisie, ne pas agir selon sa nature, selon ce que l'on sait de son caractère, de son passé, de ses antécédents? De là les surprises que la liberté inépuisablement nous réserve. Hegel, qui raille assez lourdement la « Schönseligkeit » romantique dans l'introduction à son *Esthétique* [1], Hegel déclame vainement contre l'arbitraire des volontés ironiques : les grandes personnalités, dit cet esprit fort, ignorent les inconsistances et les contradictions de vos ironistes; Caton ne peut vivre que Romain et républicain. Mais cette magnifique cohérence qui plonge Hegel dans l'admiration n'est-elle pas la marque de notre servitude? Parce qu'il peut prendre le contre-pied de ses propres désirs, notre vouloir élude son destin,

1. *Werke*, X, I, p. 82-88. Cf. SCHELLING, *Werke*, X, p. 259 et XIV, p. 305.

notre vouloir transcende à l'infini toutes les législations qu'on lui impose. Ainsi la conscience capricieuse est toujours au delà de sa propre définition, et elle se rit des lexicographes lancés à ses trousses. « Souverainement détaché de ses acquisitions, il ne songe à lui-même que pour se dépasser », écrit un musicien français [1] au sujet d'Igor Stravinski, le génial renégat. Si, avec Valéry, on se représente l'esprit comme un refus indéfini d'être quoi que ce soit, Stravinski apparaîtra peut-être comme l'incarnation de l'esprit — car il n'est rien en acte, car il est perpétuellement au delà, ἐπέκεινα; pour parler le langage de Malebranche, il a toujours du mouvement pour aller au delà et passer outre à toutes les définitions : quand on le croyait Scythe, il est devenu apollinien; et l'on prenait déjà son parti d'*Œdipus* quand il fallut expliquer le romantisme du *Capriccio*, puis la ferveur biblique de la *Symphonie de psaumes*. Tout est à recommencer! Qui faut-il croire? l'Asiatique du *Sacre* ou le classique d'*Apollon Musagète?* les marionnettes de *Petrouchka* ou le polichinelle napolitain de Pergolèse? le Boileau des Muses ou le Tchaïkovski du *Baiser de la fée?* On n'en a jamais fini avec ce diable d'homme! Telle nous apparaît la conscience ironique : impossible avec elle de prendre des habitudes, de la circonscrire une fois pour toutes dans un concept; elle nous garde souples et toujours sur le qui-vive; elle nous réveille de grand matin pour battre la campagne et tourne en dérision ses propres fidèles. Comme on demande à M. de Charlus si N... qui « en a l'air » l'*est* aussi réellement, Marcel Proust lui fait répondre : « Mais pas du tout... S'il l'était, il n'en aurait pas tellement l'air [2]! » Car c'est dans les mauvais romans que les types humains sont entièrement eux-mêmes; que les bourgeois de pro-

1. ROLAND-MANUEL, *Le Baiser de la Fée*, dans la revue *Musique*, 1928, p. 658.
2. *La Prisonnière*, p. 133. Cf. *A l'ombre des jeunes filles en fleurs*, I, sur les provinciaux au courant de tout. BALZAC, *Le Colonel Chabert :* « Le vrai n'est pas si complet dans son expression, il ne met pas tout en dehors... »

vince respectent leur définition; que les vieux militaires sont vieux militaires jusqu'au bout des ongles. Il n'y a que le vrai qui ne soit pas vraisemblable, il n'y a que le romanesque artificiel qui soit en tous points convaincant. Cela est trop beau pour être vrai. Quand on n'a jamais éprouvé que des sentiments de dictionnaire, ou quand on ne connaît de la vie que ce que nous en raconte la Bibliothèque rose, on peut croire quelque temps à ces types exemplaires et sans marques aberrantes. Mais il y a loin de la psychologie livresque à la psychologie vraie! Ce qui est normal, c'est de rencontrer un Français qui ne soit pas casanier, un Russe qui ne soit pas prince, une Américaine qui ne soit pas ravissante, un caractère qui se démente lui-même, comme tous les caractères, ou qui du moins, ne fût-ce que pour la vraisemblance, agisse quelquefois *per contrarium*.

L'ironie, c'est l'arabesque : par la grâce de l'ironie, le même n'est plus le même, mais un autre, et la conscience tourne le dos à ses propres traditions. Allons plus loin. Ce pouvoir d'agir, de s'habiller, de discourir *per contrarium*, cet art enfin de ne pas ressembler à soi ne dépendent-ils pas dans une grande mesure du cerveau? Le cerveau est en nous l'organe de l'attente; il est ce qui ajourne nos ripostes, il nous donne le temps de délibérer et de nous raviser; à la franchise foudroyante et naïve des êtres « médullaires », la cérébration substitue de savantes réactions d'expectative qu'un délai de plus en plus grand sépare de leur cause. Dans le retard il y a déjà un principe d'indétermination et de ruse qui est inhérent à la durée elle-même. Les réflexes sont toujours sincères. Il en est du réflexe comme de la croyance : notre premier mouvement est de croire, et de prendre tous les récits au sérieux; et notre second mouvement, de contester l'évidence, par tactique. Par tactique, celui qui pourrait se venger ne se venge pas; et celui qui peut aimer n'aime pas; la colère vire en rancune [1], le dogma-

1. Max SCHELER, *Das Ressentiment im Aufbau der Moralen*, in *Vom Umsturz der Werte*, t. I, p. 45-236. Cf. NIETZSCHE, *Généalogie de la Morale*.

tisme de la volupté cède à un utilitarisme prévoyant qui porte le masque de l'ascétisme. La volition dilatoire fait éclater le circuit de notre première spinalité. Or il n'est pas besoin d'être un grand psychologue pour comprendre que le ressentiment se réserve en vue des lointaines revanches, que l'abstention est l'aspect ésotérique de la tendresse, et que notre égoïsme, selon les morales utilitaires, recule seulement pour mieux sauter : ce sont là des rébus pour les enfants. Toutefois il est bon d'être un peu ironiste si l'on veut goûter pleinement l'ironie et accomplir en sens inverse le trajet parcouru par la conscience simulatrice; et comme cette dernière est allée de la convoitise à l'affût, qui est une convoitise patiente, ainsi nous devons, à notre tour, aller de l'affût à la convoitise, du négatif au positif, du contraire à son contraire. Dans cette espèce d'ambivalence du cœur et de la volonté, n'y a-t-il pas quelque chose qui fait penser à certains personnages de Dostoïevski? Ici le goût de l'humiliation apparaît comme un subterfuge diabolique de l'orgueil [1]... La douleur, pour le masochiste des *Mémoires écrits dans un sous-sol*, est bien un détour frauduleux de la volupté, tout de même que la réserve est très souvent une périphrase de l'amour! La négation, dans toutes ces subtilités, devient secondairement affirmation. La voilà, l' « agilité infinie du chaos », comme dit Frédéric Schlegel, celle qui nous permet d'associer l'agrément aux sensations les plus inattendues, celle qui recule à l'infini les échéances, qui fait de notre civilisation mentale un ensemble de conduites indirectes. Le cerveau est donc bien l'arme essentielle de cette conscience panurgique, impassible et sournoise, dont l'industrie souveraine s'étend jusqu'aux étoiles.

Dans l'exposant surconscient de l'ironie essayons de déchiffrer la dialectique hasardeuse, louvoyante,

1. Ce goût étrange s'appelle en russe «samobitchévanié». Voir les *Mémoires écrits dans un sous-sol*, *L'Adolescent* et même *Les Frères Karamazov*. André Gide, dans son *Dostoïevski* (1923), distingue l'Humilité et l'Humiliation.

électrique que nous avons retrouvée derrière le double visage de la Fortune. L'ironiste se cache, mais pas trop, pour qu'on ait envie de le trouver; s'il épouse la cause de l'adversaire, c'est afin de mieux servir la sienne. « Entrer sous le voile de l'intérêt d'autrui pour ensuite rencontrer le sien » : telle est la maxime du grand stratagème courtisan selon Baltasar Gracian, le subtil auteur de l'*Oraculo manual.* L'ironie est donc, au sens propre de ces mots, « extatique » mais non pas « sympathique », car bien qu'elle entretienne des intelligences dans le camp opposé, elle ne trahit pas, sous ce nouveau pavillon, l'obédience première. Tel un avocat subtil, en guise de plaidoyer, prononce un réquisitoire — un pseudo-réquisitoire qui n'est qu'un raffinement surconscient de sa plaidoirie, parce qu'il sait que la voie indirecte persuadera les jurés plus puissamment que la voie directe ne les convaincrait : il plaide le faux dans l'intérêt du vrai. N'est-ce pas là le comble de la ruse? L'ironiste fait semblant de jouer le jeu de son ennemi, parle son langage, rit bruyamment de ses bons mots, surenchérit en toute occasion sur sa sagesse soufflée, ses ridicules et ses manies. Voilà décidément le grand art et la suprême liberté, la plus intelligente, la plus diabolique, la plus téméraire aussi. La conscience ironique dit non à son propre idéal, puis nie cette négation. Deux négations s'annulent, disent les grammaires : mais — ce que les grammaires ne nous disent pas — l'affirmation ainsi obtenue rend un tout autre son que celle qui s'installe du premier coup, sans passer par le purgatoire de l'antithèse. La ligne droite n'est pas si courte que cela et le temps perdu est quelquefois le mieux employé. Si la pensée accepte le retard de la médiation, ce n'est pas pour faire des cérémonies, mais pour que ses propositions soient de belle trempe. L'ironie pense une chose et dit le contraire; défait d'une main ce qu'elle fait de l'autre. Ironiser, n'est-ce pas se dédire provisoirement, mentir apparemment à sa propre arrière-pensée? L'ironie joue là un jeu analogue à celui que Schelling prête au Créateur et qu'il appelle *universio :* Dieu fait semblant d'admettre l'*Univers*, qui est l'unité renversée, autrement dit le divin suspendu, comme l'esprit, par un subtil reniement, admet le corps, qui est l'esprit interrompu. L'ironiste se risque à plaider contre la vertu, à écrire l'éloge de la folie et des défauts [1]; il parle gravement des petites choses, badine sur les grandes, et sa conduite est en toute circonstance celle qu'on n'attendait pas. L'ironie, c'est l'imprévu et le paradoxe. La rétractation amoureuse, par exemple, est un cas très singulier d'*universio* : sourire de sa maîtresse, éloigner ce qu'on aime pour que l'amour s'aiguise par l'absence, dire *non* quand on pense *oui*, ce sont là, dans la vie du cœur, des volte-face très ordinaires, encore que les étourdis s'y laissent prendre constamment. Au moment où la fête galante de Verlaine va moduler « sur le mode mineur », Fauré, qui commente ces paroles, feint de passer en *si* bémol majeur, et il y a dans cette simulation une sorte de tristesse affectueuse et un peu narquoise [2]. Les hésitations du cœur, et ce langage toujours évasif que dément une tendresse toujours spontanée, c'est cela, à y bien réfléchir, qui rend si lunaires Zerbinette et Cassandre; ils feignent l'indifférence quand ils sont amoureux, et la passion quand ils n'aiment pas. Mais l'*universio* est une loi plus générale encore : la douleur, l'effort et le remords représentent trois types de médiation métaphysique où l'on voit la conscience se nier pour mieux s'affirmer, comme l'idée hégélienne consent à l'antithèse avant de se réconcilier avec soi; et non seulement la douleur est le stage imposé à notre organisme en vue de sa pacification interne, mais il arrive, pour que la dérision soit à son comble, qu'elle constitue la matière même de l'affection agréable; nos plaisirs deviennent ainsi de plus en plus indirects. Ceux qui interprètent littéralement toute cette stratégie et qui confondent la douleur avec le malheur sont les mêmes qui méconnaissent les simulations de la divine ironie. Tout ce qui

1. CICÉRON, *De Oratore*, II, 67 : ... *honesto verbo vitiosa res appellatur*.
2. *Clair de lune*, menuet.

est provisoire, tout ce qui est moyen d'autre chose exhale déjà une espèce d'ironie métaphysique : qui veut le moyen veut ce qu'il ne veut pas, car il n'affirme que pour nier. C'est pourquoi la volonté est plus ironique et plus intelligente que le désir : le désir veut la fin, mais non les moyens; il veut la fin tout de suite, magiquement et naïvement, mais non dialectiquement; il veut pêle-mêle le possible et l'impossible, l'or, la gloire et la lune, car il ne songe nullement à la discursion des actes; il est donc velléitaire et platonique. Vouloir, au contraire — ce qui s'appelle *vouloir* — c'est tendre à la fin à travers les moyens, vouloir *ensemble* la fin et les moyens — qui sont la fin renversée. On lit dans *Gorgias* [1] : les hommes ne veulent pas ὃ ἂν πράττωσιν, mais οὗ ἕνεκα πράττουσιν ὃ πράττουσιν ; les hommes ne veulent pas ce qu'ils font, mais ce en vue de quoi ils font ce qu'ils font. Qui boit une drogue ne veut pas souffrir, mais guérir : qui navigue ne veut pas courir des dangers, mais s'enrichir. Ce qui est vrai des entreprises utilitaires n'est pas moins vrai du raisonnement. Pour être capable de vouloir d'abord par une apparente contre-volonté, il faut regarder devant soi, vers le futur; ensuite il faut savoir ce qui est possible, car la volonté est action naissante et naissante réalité; on a le « désir » d'être Caton l'Ancien, de bombarder Monte-Carlo, de peindre en rouge la colonne Vendôme... car ces choses ne sont point tant difficiles qu'« indéterminées »; on peut désirer n'importe quoi, mais on ne veut que le possible (nous disons bien le possible, non le facile). Troisièmement la volonté, comme l'ironie, fait crédit au moyen : l'illégitime nous aidera, l'erreur saura bien se détruire toute seule; le scandale, une fois suscité et laissé à lui-même, se comporte comme s'il prévoyait d'instinct la conclusion, et comme s'il pressentait dans tous les cas ce qui lui reste à faire; il y a dans l'opération ironique une espèce de finalité médicatrice qui fait apparaître le scandale comme le dangereux collaborateur du vou-

1. 467 *c*.

loir, mais comme un collaborateur digne malgré tout de notre confiance. Une masse inerte abandonnée à soi marcherait tout droit pendant quelque temps en vertu du mouvement acquis; mais elle ne décrira des lacets que si elle se conduit elle-même. Pour marcher sinueusement, s'attarder, rebrousser chemin, contourner l'obstacle, pour essayer patiemment tous les chemins, il faut savoir piloter et disposer d'une certaine marge de spontanéité. Le détour ironique n'est-ce pas la première déviation contingente d'un scandale relativement autonome et relativement légitime? Ainsi l'ironie met tout à l'envers, un peu comme Tieck, dans *Verkehrte Welt*, s'amuse à écrire une pièce qui commence par l'épilogue et finit par le prologue. Elle intériorise l'extérieur, extériorise l'intérieur, elle fait que les premiers deviennent les derniers et les derniers les premiers [1]; elle est, comme la dialectique d'Héraclite, l'échange de la vie et de la mort, l'interversion du jeune et du vieux; elle révoque sans cesse ses propres ouvrages. Par la grâce de l'ironie, le lourd devient léger et le léger ridiculement grave. Il y a interversion des poids : Debussy, par exemple, confie aux notes graves du clavier le petit air de *Jimbo's Lullaby*, la berceuse-plantigrade; et comme Socrate tantôt badine sur les choses graves, tantôt parle gravement des frivoles, ainsi chez Debussy le lourd devient aérien, tandis que le léger danse le pas bouffon de l'éléphant. C'est un perpétuel « Hysteron-proteron ».

Pourquoi, en définitive, cette obligation imposée au contraire d'imiter le visage de son contraire afin de se réaliser pleinement? S'il fallait tout dire, nous expliquerions cette dérision de l'*universio*, ce stage temporaire dans l'antithèse par la condition même de la créature et par l'inertie de la matière; en l'espèce (et bien que l'ironie elle-même s'adresse à une intellection interprétative) c'est la sottise, l'égoïsme et la méchanceté des hommes qui rendent nécessaires

1. SCHELLING, *Werke*, X, p. 331 et XIV, p. 151. HÉRACLITE, Bywater, 78.

la voie oblique, et l'art de persuader plus généralement. Il n'y a pas d'ironistes au ciel des anges... L'ironiste, s'imposant la complication de la feinte, crée artificiellement l'obstacle, cet obstacle maudit et pourtant bienvenu sans lequel il n'est pas d'actualisation éprouvée ni de réussite convaincante. L'inversion provisoire du pour au contre est inhérente à un certain état de l'homme impur, relatif et passionnel. Revenu à la maison après avoir parcouru le cycle des frasques, le fils prodigue en est au même point que le fils rangé et casanier, lequel n'a jamais quitté cette maison... Or ce n'est qu'une apparence spatiale. Le publicain repenti a traversé dans le temps des épreuves invisibles, des aventures que le pharisien irrepenti ignore. L'ironie n'est-elle pas ce temps perdu et retrouvé, perdu et deux fois regagné?

3. De la litote.

Il ne suffit pas de définir l'ironie comme une simulation *per contrarium*. L'*universio*, même emphatique en apparence, va toujours du plus au moins. Telle est la direction privilégiée du renversement. La forme naturelle de l'ironie est la *litote* — c'est-à-dire que l'ironie opère, comme toute pensée parfaitement maîtresse d'elle-même, *a fortiori*. Qui peut le plus, « à plus forte raison » peut le moins. La litote déflationniste est l'opposé diamétral de l'emphase, qui est inflation et vaine grandiloquence, et qui ne produit que du vent. Aristote considère εἰρωνεία comme le « défaut » d'une vertu dont l'excès s'appellerait ἀλαζονεία ou fanfaronnade[1]; toutefois l'ironie est

1. *Eth. Nic.*, B 7, 1108 *a*, 20, 22; Δ 8, 1124 *b*, 27-31 (29 : il est vaniteux ἐν τοῖς ταπεινοῖς σεμνύνεσθαι, ὥσπερ εἰς τοὺς ἀσθενεῖς ἰσχυρίζεσθαι) : Δ 13, 1127 *a*, 13-14, 21-26; 1127 *b*, 22-32. *Eth. Eud.*, B 3, 1221 *a*, 6-25 (24 : ἀλαζὼν ὁ πλείω τῶν ὑπαρχόντων προσποιούμενος, εἴρων δὲ ἐλάττω); Γ 7, 1233 *b*, 38-1234 *a*, 3 (ὁ μὲν ἐπὶ τὰ χείρω ψευδόμενος μὴ ἀγνοῶν εἴρων, ὁ δὲ ἐπὶ τὰ βελτίω ἀλαζών). *Eth. megal.*, A 33, 1193 *a*, 33... *Rhét.*, B 2, 1379 *b*, 31-32; B 5, 1382 *b*, 19-21; Γ 18, 1419 *b*, 2-9; Γ 19, 1420 *a*, I. *Rhét. Alex.*, 22, 1434 *a*, 17; 36, 1441 *b*, 24.

plus près du μέσον que l'Alazonie, et il arrive qu'un défaut « excessif » (ἡ λίαν ἔλλειψις) soit lui-même alazonique, comme l'affection d'humilité chez ceux qui s'habillent à la spartiate. Le glorieux est celui qui en dit plus qu'il ne sait, en fait plus qu'il ne peut, s'attribue plus qu'il n'a; il s'élève, celui-là, du moins au plus, à grands coups de galéjades, et opère, peut-on dire, « à plus faible raison »; sa simulation purement emphatique, la vaine enflure de ses propos l'exposent à l'ironie des autres; c'est un μακρολόγος [1] comme sont les sophistes, les virtuoses de la conférence et des discours grandiloquents. Par opposition à ces rodomontades, l'εἴρων — toujours d'après Aristote — doit être tenu pour un simulateur ἐπὶ τὸ ἔλαττον [2] ou ἐπί τὰ χείρω : ironiser, c'est parler évasivement, sans avoir l'air d'entendre ni de comprendre, ou, comme dit Cicéron, *non videri intelligere quod intelligas* [3]; c'est une *dissimulatio urbana*, plus libérale que la grosse bouffonnerie (βωμολοχία) [4]. L'ironiste est celui qui ne se compromet pas — le contraire du περίεργος. Entre ces deux extrêmes — le défaut de l'ironiste et l'excès du matamore (ἀλαζών) —, il y a place selon Aristote pour un juste milieu qui ne serait autre qu'ἀλήθεία : le philalèthe (φιλαλήθης, ἀληθευτικός) toujours franc et direct (αὐθέκαστος, ἁπλοῦς, παρρησιαστής) n'est jamais ni en deçà ni au-delà; c'est un magnanime (μεγαλόψυχος) et qui s'exprime sans détours (καταντικρύ) On le voit : Aristote, à qui

1. PLATON, *Sophiste*, 268 *b*.

2. Προσποίησις ἐπὶ τὸ χεῖρον dit THÉOPHRASTE, *Caractères*, I, I.

3. *De Oratore*, II, 68. THÉOPHRASTE, *op. cit.* : καὶ ἀκούσας τι μὴ προσποιεῖσθαι, καὶ ἰδὼν φῆσαι μὴ ἑορακέναι. ARISTOTE, *Rhét., Alex.*, *loc. cit.* : λέγειν τι προσποιούμενον μὴ λέγειν... *Eth. Megal.*, A 33, 1193 *a*, 29 : ἃ οἶδε μὴ φάσκων ..., ἐλάττω... προσποιούμενος. Il y a ironie ὅταν δυνάμενός τις ποιῆσαι φάσκῃ μὴ δύνασθαι. *Schol. ad Gorg.*, 489 *e* : προσποίησις ἀδυναμίας ὧν τις δύναται ποιεῖν. Ὅ τε πλούσιος πένης φησὶν εἶναι, ὅ τε σοφὸς οὐκ εἶναι σοφός.

4. *Rhét.*, Γ 18, 1419 *b*, 8 : les ironistes sont χαριέστεροι τὰ ἤθη. Ἀγροικία est opposée à εὐτραπελία ἐπιδεξιότης). W. BÜCHNER, *Hermès*, 1941, *art. cit.* CICÉRON, *De Oratore*, II, 67.

manque déjà la finesse athénienne, ne goûte pas le sel de la fausse humilité : il n'a vu l'ironie que sous son aspect privatif et lui oppose la fière morale de la « mégalopsychie ». Pourquoi en dire peu quand on en sait long? Ni la science ni la vérité n'exigent qu'on se fasse *moins* riche, *moins* fort, *moins* intelligent qu'on ne l'est en réalité; ce *Minus* est un défi à la raison! *Il n'y a pas de raison* de se rapetisser ainsi! Moins que la vérité, c'est moins qu'il ne faudrait; moins que la vérité, c'est trop peu — et le *minus justo*, pour parler comme Spinoza. est aussi illégitime que le *plus justo*... Faire du bien à ses amis, être l'ennemi de ses ennemis, rendre enfin le même pour le même, voilà des impératifs d'équilibre qui sont dans l'ordre de la justice conservatoire ce que sont la coextensivité ou coadéquation du signe et du sens dans l'ordre de l'Expression; l'ajustement du logos proféré ou grammatical au logos constituant ou raisonnable n'est pas, pour l'optimisme, une utopie! Incontestablement l'idéal socratique de l'ironiste subit chez Aristote et Théophraste [1] une grave dégénérescence; l'épicurien Philodème décrit une caricature qui ressemble moins à Socrate qu'au Flatteur de Plutarque et de Ménandre. D'autre part la philosophie, à cette époque, aime mieux disserter qu'interroger, et le dialogue commence à faire place au manuel. Il ne suffit pas de dire qu'Aristote a méconnu l'irréversible de la charité. D'abord parce qu'il y a tout un rationalisme chrétien qui demeure étranger à l'esprit de litote : par l'ironie, explique saint Thomas, *aliquis de se fingit minora* [2]. Même François de Sales, en qui l'ascétisme de l'*Imitation* et l'humilité mystique sont pourtant très vivaces, François de Sales distingue la sottise qui pense savoir ce qu'elle ignore, la vanité qui fait la savante en ce qu'elle sait ne pas savoir et la fausse humilité qui fait

1. Th. GOMPERZ (*Penseurs de la Grèce*, III, 528) note que Théophraste définit l'ironie comme auto-dépréciation, puis, en fait de caractère, dépeint le mystificateur.

2. *Sum. Th.*, II, II, 113, I ob., I.

l'ignorante en ce qu'elle sait, tout comme l'*Éthique eudémienne* énumérait la mégalopsychie qui est digne des grandes choses et le sait, l'ἄξιος μικρῶν qui sait qu'il mérite peu, la χαυνότης qui mérite peu et croit mériter beaucoup, la micropsychie qui mérite beaucoup et croit mériter peu. Entre les deux chiasmes de l'emphase amplifiante et de la litote rétrécissante, ces symétries ne sous-entendent-elles pas une dogmatique préférence pour le simple régime de la parité véridique? Plus généralement on peut douter que l'esprit de litote ait quoi que ce soit de commun avec la charité. Sans doute il y a les litotes christologiques [1]. De même que Socrate feint de n'avoir pas assez de souffle pour rivaliser avec les discours suivis et les tirades démonstratives des rhéteurs, de même Jésus fait l'ignorant devant les lettrés, les pharisiens pontifiants et les docteurs de la Loi : ... *Interrogavit, quasi nesciens quod utique sciebat. Ac per hoc nescire se finxit ut aliquid aliud velut ignorantia sua significaret : quae significatio quoniam verax erat, mendacium profecto non erat* [2]. Son procès lui-même renouvelle les litotes déroutantes du procès de Socrate : il ne se défend pas, ne saisit même pas la perche que lui tend le procurateur romain. Pourtant la seule idée que ces litotes puissent être une feinte ou une figure de rhétorique suffisait à futiliser le sérieux d'un sacrifice dont le terme est la mort sur la croix et qui a un point de tangence avec le néant. Une simulation qui va jusqu'à l'article mortel n'est plus une simulation; un ironiste qui affronte la souffrance majeure, suprême, infinie du dernier supplice ne joue plus la comédie. Non que l'ironie soit exclusive de toute pensée de sacrifice : il y a au contraire en elle comme une ellipse ou miniature du don-de-soi, un avant-goût de renoncement, et il semble qu'Aristote, théoricien de l'équité (ἐπιείκεια), ait été sensible à cette civilité qui est déjà une civilisation. A sa manière l'ironie implique une atténuation de l'égo : ne pas aller jusqu'au bout de

1. PAULSEN, *op. cit.*
2. Saint AUGUSTIN, *Contra mendacium*, XIII, 27.

son droit, échanger ses positions avec l'adversaire [1], comme ceux qui font assaut de politesse, paraître louer ce qu'on blâme — ce n'est là que gentillesse, et la gentillesse, qui sait? sera peut-être un jour abnégation ou sacrifice... Et si par hasard l'ironie était initiation à la générosité? Or ne nous y trompons pas : l'apagogie n'a de sens ironique que par l'épagogie qui la suit et qu'elle provoque, et l'ironie elle-même existe uniquement par cet aller et retour, par ces deux mouvements successifs; l'ironie retarde, ou tout au moins sépare intelligemment l'interprétation compensatrice et la litote à compenser. Or cette grâce est provisoire, et ce déséquilibre est pour faire semblant, et ce cadeau est un cadeau tout apparent... Que dis-je? Ce cadeau n'est même pas une concession faite à l'autre, l'ironiste s'arrangeant (suprême habileté!) pour que son partenaire assure lui-même la compensation; l'ironiste fait faire par l'autre tout ce que l'autre peut faire de lui-même : en sorte que la compréhension est la façon qu'a l'ironisé de remercier l'ironiste pour sa politesse. Dans cet échange de bons procédés, les litotes de l'ironiste ne sont que des avances et, en quelque sorte, une intelligente spéculation; le plus prévoyant des placements. C'est reculer pour mieux sauter et descendre pour mieux monter. La litote est donc un stratagème; une arme pacifique, mais enfin une arme... Et c'est bien ainsi que l'entend Baltasar Gracian quand il recommande, dans son *Oraculo manual*, de ne pas employer toute sa capacité ni montrer toutes ses forces, dans *El Heroe* de tenir secrètes ses possibilités, de ne pas laisser voir les limites de son pouvoir [2] : or il s'agit, dans ces manuels, de stratégie courtisane ou politique et de diplomatie; l'homme gracianesque, versé dans l'*arte de prudencia*, s'arme de ruse et de circonspection pour affronter les jeux subtils de l'intrigue; c'est un *discreto*, un discret et un *plausible*, mais non un charitable. La « plausibilité » ne sous-entend-elle pas

1. *Hermogène*, Περὶ ἰδεῶν.
2. *L'Homme de cour*, maxime 170; *El Heroe*, 1re excellence.

les applaudissements de la galerie? La litote qui rapetisse ou minimise l'égo en vue d'un intérêt égoïste n'est pas une ironie, mais une fraude et une mesquinerie sordide. Dissimuler ses revenus pour payer moins d'impôts, se faire passer pour infirme afin de ne pas aller à la guerre — ces « diminutions » ne sont point litote, mais tromperie et truquage frauduleux; celui qui s'amoindrit parce que l'amoindrissement lui est avantageux n'est pas plus un ironiste que celui qui fait le modeste n'est un modeste. Le mouvement ironique — mouvement provisoire en instance d'interprétation — attend d'être compensé : cela ne signifie point qu'il espère être récompensé; il n'attend pas son salaire! D'un mot : comme la charité est au service de l'Autre et le mensonge au service de l'Égo, ainsi la litote ironique ne sert qu'un seul maître — le Vrai; c'est la vérité impersonnelle par delà le duo du Moi et du Toi qui commande l'amoindrissement désintéressé; l'amour extatique qui se perd dans l'Allos, l'égoïsme bourbeux qui patauge dans son Autos sont également transcendés. C'est en cela que Socrate fut vraiment l'incarnation de la litote [1], celle qui est une invitation à connaître et une exigence de lumière. Cette fausse maladresse qui est le comble de l'adresse, cette façon aussi de paraître louer ce qu'on blâme et de soustraire pour faire comprendre, — ce ne sont pas là des ruses serpentines comme chez l'homme de précaution et de négociation, l'homme gracianesque uniquement occupé à cacher son jeu et à endormir l'adversaire en se faisant sous-estimer... Car Socrate n'a pas d'adversaires ni de concurrents, mais seulement des amis; et ses ennemis eux-mêmes seront ses amis quand ils sauront... Pour l'instant, ce sont des insensés qui ne savent pas ce qu'ils font, οὐ γὰρ οἴδασιν τί ποιοῦσιν [2]; mais au lieu que les ennemis du Christ, qui en veulent à Dieu lui-même, auront besoin du

1. Cicéron, *Acad.*, II, 15 : *Socrates autem de se ipso detrahens in disputatione plus tribuebat iis quos volebat refellere. Ita cum aliud diceret atque sentiret, libenter uti solitus est ea dissimulatione.*
2. *Luc*, XXIII, 34.

pardon surnaturel, les ennemis temporaires de Socrate n'ont besoin que de faire leurs classes. En vérité il ne s'agit pas de Socrate [1] ni de la mort de Socrate, il ne s'agit pas de victoire, il s'agit de la science et de la raison. Il faut aimer la vérité plus que le porte-parole de la vérité, la vérité portée plus que le véridique son porteur. Socrate veut qu'on aime la vérité, et non pas qu'on aime Socrate! Socrate ne fait donc pas la guerre. La litote socratique n'est pas litote de guerre, mais litote de paix. Lui qui n'a rien à apprendre des sots et tout à leur apprendre, il se déprécie lui-même [2] pour les convertir à la lumière. L'hypocrite, dit Kierkegaard [3], c'est le méchant qui veut paraître bon, alors que l'ironiste serait plutôt le bon qui se donne l'air méchant. Schelling s'exprime plus fortement encore : il est beau de ne pas faire tout ce qu'on veut; de pouvoir aimer et de n'aimer pas; de pouvoir se venger et de ne se venger pas [4]. Schelling a ici en vue la tragédie métaphysique de l'avènement à l'acte; mais il faut remarquer que la litote supprime, avec la tragédie, la nécessité de l'abstention, car elle exprime, au contraire, que l'esprit agit le plus efficacement par ellipse et allusion, en n'employant qu'une très faible partie de son pouvoir. Ce que Ch. Kœchlin appelait l'atticisme d'Erik Satie consiste en cela même : rester en deçà de ce qu'on veut dire, se cacher derrière un masque inexpressif pour mieux exprimer, n'est-ce pas tout le message du *Socrate* satiste? Mieux encore : la litote socratique fut en quelque sorte la mission historique de la Grèce, s'il est vrai que la Grèce vaincue, mais victorieuse par sa défaite même, symbolise la revanche

1. *Apologie*, 33 *b* παράδειγμα). Cf. *Phibèle*, 14 *b*.

2. *Banquet*, 219 *a* ... οὐδὲν ὤν), 218 *d*, 216 *e* (sur le sérieux caché dans l'ironie du silène). *Rép.*, I, 337 *a*, *e*. *Apologie*, 23 *a-b*. XÉNOPHON, *Mém.*, IV, 4, 9; I, 3, 8.

3. *Der Begriff der Ironie, mit ständiger Rücksicht auf Sokrates*, trad. Kütemeyer, p. 263-264.

4. *Werke*, XII, p. 158; XIV, p. 208 (*Philosophie der Offenbarung*, 10e leçon). Cf. NIETZSCHE, *Le Voyageur et son ombre*, II, aph. 259 (le mépris de la vengeance comme vengeance).

de l'esprit et la force du faible, la forte faiblesse en face de la faible force. « Toutes les faiblesses très apparentes sont des forces [1] », écrit Pascal. Mais si Dieu crucifié, humilié, abreuvé d'outrages triomphe surnaturellement, la litote grecque remporte sa victoire pneumatique dès ici-bas. Les armes grecques succomberont sur les champs de bataille, mais l'ironie grecque renouvelle à tout moment sa grande victoire de Salamine sur les ogres de l'outrance et de l'emphase ridicule.

La litote, à cet égard, est le symptôme par excellence du classicisme [2]. Pudeur est sans doute un autre nom pour cette volonté d'exprimer le plus en disant le moins, ou *vice versa* de laisser paraître moins d'émotion qu'on n'en éprouve. Nietzsche parle quelque part d'une sobre pudeur de la demi-visibilité chez Sophocle. La pudeur racinienne [3], la force contenue chez Gabriel Fauré sont d'autres formes d'un même esprit de litote, d'un même classicisme... L'emphase, qui signifie peu en disant beaucoup, est le régime du gaspillage et de la plus grande dépense; et la litote, qui signifie beaucoup en disant peu, est au contraire le régime de l'économie et de la plus grande densité spirituelle. Beaucoup de pensées sous un petit volume. La litote en cela tient compte de la nature non-spatiale et non-quantitative du sens : car le signifié est de l'ordre de la qualité, et les lois de la psychophysique sur l'intensité ne s'appliquent pas plus au sens qu'à la conscience. La litote utilise cette propriété qu'a la conscience d'être tout entière immanente à chacun de ses signes. Elle applique une sorte de *lex minimi* qui l'oppose diamétralement à la redondance et à tous les pléonasmes de la pensée ou du langage. L'ironie veut non pas tant exprimer que suggérer, et ses effets paradoxaux, inversement proportionnels à la grandeur des moyens dépensés, nous fami-

1. *Pensées* (BRUNSCHVICG), fr. 578.

2. André GIDE, *Incidences*, p. 40. NIETZSCHE, *Le Voyageur et son ombre*, II, 136 (et 148, contre la grandiloquence).

3. Léon BRUNSCHVICG, *De l'ironie dans les tragédies de Racine* (dissertation d'École normale, publiée dans la *Revue des cours et conférences*, déc. 1931).

liarisent avec la nature toute spirituelle et qualitative de l'éloquence ; il y a dans la puissance des mots une espèce de fantaisie profonde, qui n'est pas sans analogie avec l'imprévisibilité du plaisir et de la douleur. Seul le fort a le droit d'être faible : comme dans les métaphores de la préciosité, l'imagination descend du sublime au vulgaire, au lieu de comparer le vulgaire au sublime. De là la pudeur rétractile du refus et tous les euphémismes cérémonieux de la négation : la négation, qui est un jugement sur un jugement, et par conséquent une circonlocution ou périphrase de l'affirmation, n'est-elle pas indirecte et secondaire ? Elle est la pudeur d'affirmer, l'ἐποχή qui retient notre dogmatisme naturel toujours prêt à foncer en avant, à devenir catégorique et absolu. Distinguons ici le Rien et le Peu, le silence et l'allusion. Il y a un *silence* ironique qui décourage l'injustice en faisant le vide autour d'elle et qui la laisse mourir d'inanition dans le néant de sa victoire sans ennemis ; l'injustice meurt d'avoir trop raison. C'est le quiétisme de la non-résistance au mal. Tel, le silence surnaturel de Socrate devant ses accusateurs : cette passivité méprisante, cette inertie sont plus injurieuses pour l'accusation qu'un foudroyant plaidoyer ; elle devient, dans la mauvaise foi, une simple tactique. « On lui parle d'Eudoxe », dit La Bruyère de son hypocrite Onuphre : « Il sourit ou il soupire ; on l'interroge, on insiste, il ne répond rien ; et il a raison ; il en a assez dit. » Mais il ne s'agit ici que d'un stratagème hypocrite. Or la litote ironique, comme la pensée mystique [1], est taciturne elle aussi. La feinte ignorance de Socrate n'est-elle pas un cas particulier de ce mutisme ? Maurice Ravel condamne la loquacité en des termes que Schelling et Kierkegaard [2] n'eussent pas désapprouvés ; il savait sans doute que l'homme verbeux — l'*homo loquax* de Bergson, le *vir linguosus* du Psalmiste — est aussi un homme faible. Schelling n'oppose-t-il pas à la prolixité servile un laconisme qui est la vertu royale de la volonté ? Contre les conférenciers,

1. Angelus SILESIUS, *Cherubinischer Wandersmann*, I, 19 : « Das seelige Stillschweigen. »
2. *La Pureté du cœur*, trad. TISSEAU, p. 66.

orateurs et autres chevaliers du discours suivi, les questions de Socrate, les silences de Socrate [1] représentent déjà une espèce de sagesse. L'ironie, à sa manière, est une « oraison de silence » qui déjoue les pièges de la *loquela*. Le quiétisme ironique élude les faux problèmes non pas tant en réfutant qu'en reposant les questions mal posées : ainsi, l'argumentation de Bergson contre les apories éléates, de Fénelon contre les scrupules vertuistes; on refuse le combat, et on nie l'existence du problème. A mi-chemin entre le « silence » et l' « allusion » se situe la *réticence*, qui est une active collaboration du silence et de la parole, une parole refoulée ou ravalée : non pas, comme la rancune, haine rentrée, mais compression du bavardage, « sérénade interrompue ». On se tait, quand on pourrait parler. La réticence, c'est le discours expirant, le passage de l'explicite au tacite : menaçants ou ironiques, les points de suspension qui étranglent nos phrases représentent en quelque sorte la cicatrice laissée par les mots disparus. Le silence est donc une absence, tandis que la réticence — c'est-à-dire la « figure de silence » — semblable en cela aux pauses et soupirs du discours musical, est une interruption expressive, une espèce de valeur sonore. Il y a déjà quelque impertinence à se servir des mots *et cætera* quand on transcrit des paroles solennelles et qui demandent un ton soutenu et pénétré : il suffit de prononcer ces quatre syllabes pour tordre le cou à l'éloquence, comme il suffit d'avoir, selon la parole de Montaigne, « le passage du gosier ou du nez empesché », pour cesser de se prendre au tragique [2]. Quant à l'*allusion* proprement dite, elle

1. Voici, au début du *Cratyle* (384 *a*), une phrase qui rassemble trois caractères essentiels de l'ironie : silence, dédoublement du for intérieur et du logos, art de persuader. Οὔτε ἀποσαφεῖ οὐδέν, εἰρωνεύεταί τε πρός με, προσποιούμενός τι αὐτὸς ἐν ἑαυτῷ διανοεῖσθαι ὡς εἰδὼς περὶ αὐτοῦ ὃ εἰ βούλοιτο σαφῶς εἰπεῖν, ποιήσειεν ἂν καί ἐμὲ ὁμολογεῖν καὶ λέγειν ἅπερ αὐτὸς λέγει.

2. La langue russe obéit, dans le choix des pronoms, à des nuances très subtiles : l'un signifie *quelqu'un*, en général; l'autre ***n'importe qui***, le quelqu'un qui est « quelconque »; et le troisième: quelqu'un que je sais bien, mais dont je ne dirai pas le nom; c'est ce dernier qui est « allusif ».

n'est autre chose que la réticence, considérée plutôt dans son « par-delà », comme une évocation ou conduction spirituelle : ce qui importe, cette fois, c'est le pointillé lui-même, autrement dit le sous-entendu, ce vide qui est un plein, ce dénuement qui est richesse. De là la nature transitive de l'allusion : entre les deux corrélats — l'exprès et l'implicite, celui qu'on dit tout haut et celui qu'on chuchote — un courant va s'établir, et la pensée, vive comme l'éclair, volera d'un terme à l'autre. Le principe de l'allusion, c'est cette propriété qu'ont tous nos états de conscience de se conditionner mutuellement, de déteindre les uns sur les autres, de s'associer en totalités concrètes; la mémoire noue dans notre conscience un réseau inextricable de délégations qui rend toute perception apte à symboliser ou « signifier » toute autre perception. Ainsi se forment en nous des ensembles aussi instables que délicats, et qui résonnent follement à tous les bruits; tout nous devient indice ou présage, et notre imagination en a pour longtemps à épiloguer sur un clignement d'yeux, sur un lapsus expressif, un frôlement, un regard furtivement rencontré. Cette susceptibilité d'un être capable de lire entre les lignes et de comprendre le sens à demi-mot introduit dans le monde, à côté de la causalité conservatrice, une causalité allusive ou par « signaux », qui amplifie monstrueusement la disproportion de la cause et de l'effet : d'ailleurs notre organisation nerveuse et cérébrale, accumulant en nous l'énergie potentielle, n'exagère-t-elle pas à l'infini cette inégalité? Le signal est plutôt occasion que cause : un déclic, un mot négligemment jeté « déchargent » une longue suite de pensées et de gestes. Plus nous sommes civilisés, et plus l'allusion s'allège, se fait subtile, ailée, aérienne : inutile de mettre les points sur les i ou de proportionner laborieusement l'action à la réaction désirée; on nous parle à mots couverts et le « signal » lui-même disparaît, comme un prétexte infinitésimal, sous le foisonnement des images auxquelles il a donné le branle; l'amour submerge l'image aimée qui pourtant le déclenche, nous aimons, en définitive, non pas une femme, mais notre amour. Cette irritabilité ou hyperesthésie de l'âme, en même temps qu'elle facilite l'enthymème ironique, centuple notre capacité de souffrance : car l'allusion, qui est souvent ironique, est presque toujours douloureuse, amorçant à chaque pas les espoirs insensés et les tempêtes du cœur. L'allusion est donc ce qui rend possible la litote, ce qui du même coup la complète : l'ironiste va du plus au moins et la conscience excitable du moins au plus, du moins volumineux au plus volumineux; avec des indications minuscules et imperceptibles elle reconstitue les totalités spirituelles que l'ironiste voulait lui suggérer. « Fine allusion à une grosse circonstance », comme parle le dicton russe, l'ironie va de la totalité à la totalité : contraction et explosion alternent dans sa démarche comme le rythme des marées.

Le silence, la réticence et l'allusion composent à l'ironie un visage bien à part. L'ironie est *laconique*. L'ironie est *discontinue*. Concise d'abord. L'ironie est une brachylogie [1]. Elle sait qu'on n'a pas besoin de tout dire et elle a renoncé à être exhaustive : elle fait confiance à l'auditeur pour soulever le sens avec le levier du signe, à la perception pour compléter avec des souvenirs les signaux de la sensation. Et alors même qu'on devrait tout dire, l'ironie sait qu'on ne le peut pas, car l'esprit est inépuisablement riche et notre langage se divise à l'infini sans égaler les nuances indénombrables de l'émotion. Une simple pantomime lui suffira souvent. L'ironie rompt avec la manie énumérative; elle aime mieux être caractéristique que complète, et sa manière n'est pas encyclopédique, mais elliptique. D'un système clos on peut faire le tour; mais une totalité ouverte ne s'aborde qu'allusivement; ici pas de circuit à boucler, mais, en profondeur, des finesses qui découragent l'analyse et, en grandeur, toutes sortes d'« ultrasons » ou de rayons invisibles que nul logos au monde ne réussit à capter. On dira que l'ironie n'est pas toujours aussi frugale; qu'elle se complaît souvent dans les euphémismes et les cir-

1. *Rhét. Alex.*, 1434 *a*, 18 : ... συντόμως ἀναμιμνήσκειν. PLATON, *Sophiste*, 268 *b* : βραχέσι λόγοις.

conlocutions; qu'au lieu de prendre des raccourcis et des chemins de traverse elle fait volontiers l'école buissonnière. Ne l'avons-nous pas définie, ici même, comme la voie indirecte? Répondons que la voie indirecte n'est pas toujours la plus longue [1] et que le détour est encore une forme de la litote. D'ailleurs vitesse n'est pas concision. Si l'*universio* multiplie parfois les détails inutiles, c'est pour égarer; elle renonce à épeler les idées mot pour mot et syllabe pour syllabe, car elle sait qu'à un morceau de phrase ne correspond pas littéralement un morceau de pensée; le long des sinueuses périphrases, c'est encore l'intuition immédiate qu'elle recherche, la suggestion évasive et sans rapport direct avec le volume du discours. L'ironie, c'est la fausse modestie, la fausse naïveté et la fausse négligence; elle affecte de traiter les problèmes par prétérition (ἐν προσποιήσει παραλείψεως) [2], mais c'est précisément sa façon à elle de ne rien omettre; elle feint l'oubli pour ne pas oublier, comme ces faux distraits chez qui un désordre étudié camoufle les symétries les plus rigoureuses : *non stultus quasi stulte*... Les grands artistes ont fait crédit, en général, à la spontanéité des consciences auxquelles ils s'adressaient; ils leur laissent quelque chose à deviner. Debussy, Satie et Mompou ont connu la puissance suggestive des brachylogies : les lacunes que nous comblons nous-mêmes agissent sur notre imagination comme un vide attirant et exaltent les puissances de rêve qui sont en nous. De là la pénétrante poésie des *Préludes* et des *Épigraphes antiques*. La matière musicale, se raréfiant de plus en plus, atteint dans ces cryptogrammes la fine pointe de la brièveté et de l'hermétisme. Gabriel Fauré, lui aussi, dans ses dernières œuvres, écrit presque sans notes. Sa musique, comme Salomé, s'est dépouillée successivement de ses sept voiles, et apparaît dans la nudité de son essence [3] en choisissant les tonalités les plus chastes : *la* mineur,

1. Cf. NIETZSCHE, *Le Voyageur et son ombre*, II, aph. 59.
2. Ce que les rhéteurs latins appelleront : *praeteritio*, *omissio*, *occultatio*.
3. *Danseuse* (*Mirages*, *op*. 113, nº IV).

sol majeur, et même *do* majeur, le simple *do* majeur de la quotidienneté. Il n'est que de regarder ces grandes pages toutes claires, toutes blanches où les signes fins s'espacent de plus en plus comme les figures d'un logogriphe; on y respire l'air aigu, brûlant et raréfié des hautes cimes, le pur oxygène de l'esprit. « Presque rien », écrit Debussy à la fin de son ballet *Jeux* et de la pièce pour piano intitulée *Mouvement*, — et ces mots sont également les derniers de *Cloches à travers les feuilles*, de *Brouillards*, qui est un « Prélude », et du premier acte de *Pelléas*; « plus rien », concluent *Lindaraja* et *De Grève*, ainsi que deux *Fêtes galantes*, *Le Faune* et *Colloque sentimental* [1]. « On n'entend plus rien », lisons-nous dans le *Grillon* de Ravel... Car, comme elle a réappris le laconisme, la musique a réappris encore, selon la parole d'André Suarès, à « parler bas » [2] : dans ces pianissimos surnaturels et qui sont vraiment le seuil délicat du silence et du bruit, la naissance même du premier son, on devine tout un monde subliminal, un monde immatériel où l'âme s'adresserait à l'âme directement. Cette ironie qui nous regarde avec le doigt sur les lèvres et qui semble nous dire, comme Arkel au cinquième acte : « Il faut parler à voix basse maintenant... L'âme humaine est très silencieuse! », elle est la mauvaise conscience de l'éloquence et des vociférations grandioses; elle nous chuchote que la nature de l'esprit n'est pas de tonitruer et de faire du volume dans l'espace, mais de venir, comme l'Esprit de Dieu selon l'Écriture, dans un souffle léger. — L'ironie non seulement abrège, mais encore morcelle. La continuité est plutôt sérieuse et, pour prouver qu'on ne s'est pas « laissé prendre » en

1. « En se perdant » : *De rêve*, *De soir*, *Sirènes*, *Mandoline*, *Apparition*, *Pelléas* V. « Perdendosi » : *Fille aux cheveux de lin*, *Pour un tombeau sans nom*, *Iberia* I, *Boîte à joujoux*, *Laurier blessé*, *Pelléas* II. « Estinto » : *Pour les quartes*. « A peine » : *Pour les agréments*, *Pour les notes répétées*. *Éventail*. « Imperceptible » : *Iberia* II. « Pianissimo possibile » : *Quatuor* III, *Pagodes*, *Pelléas* V. Louis AUBERT, *La Nuit mauresque*, fin : « Comme un souffle ».

2. ALAIN, *Préliminaires à l'esthétique*, p. 132, 186, 190.

récitant une tirade, il n'y a pas de meilleur moyen que celui-ci : lui faire brusquement un croc-en-jambe, la briser en spasmes discontinus. L'ironie serait bien en ce sens, comme le voulait Frédéric Schlegel, une « génialité fragmentaire ». Telle est la vraie signification du dialogue et de la dialectique, au moment où ils vont s'attaquer, pour l'effriter, au discours suivi des Rhéteurs : l'animation de l'entretien oral désagrège la conférence massive [1]. La libre conversation à laquelle tous les interlocuteurs participent comme des égaux ne fleurit-elle pas de préférence aux époques d'amitié et d'ironie : l'Athènes périclééenne, sociable et libérale; le siècle de l'« honnêteté » rationaliste qui appelle chaque intelligence de bonne foi à collaborer, pour sa part, à la recherche de la vérité? L'humour du scherzo mendelssohnien, on l'a montré d'autre part, s'exprime en « pizzicatos » et « staccatos ». Les staccatos, hachant la mélodie, dissipent le nuage de pédale où s'enveloppaient les notes. Le staccato, en refusant de faire durer le son et de pérenniser la vibration d'un accord, réagit à la manière humoresque contre cette tentation totalisante que nous appelions le Sérieux; il pulvérise le legato toujours prêt à régénérer dans sa continuité pathétique, il humorise sur notre ferveur. L'exquis *Scherzo a Capriccio*, en *fa* dièse mineur, de Mendelssohn [2] est bien à sa manière le chef-d'œuvre de l'art d'effleurer; et on en dirait autant de la *Namouna* de Lalo. De même, le discours musical, chez Debussy, s'éparpille en mille notations de détail; l'ironie ici, c'est le refus de développer, la pirouette, la sérieuse modulation interrompue. L'ironie de Debussy et de Satie joue le même rôle par rapport aux boniments métaphysico-sociologiques de Wagner que l'ironie de

1. Le dialogue philosophique, qui n'est chez Malebranche, Leibniz, Berkeley, qu'un « prétexte » dogmatique, ressuscite à l'époque romantique, chez Schelling *(Bruno)* et Solger *(Erwin)*. Cf. Walter PATER, *Platon et le platonisme*, trad. fr., p. 210.

2. Cf. *Capriccio*, *op.* 5 (1825); *Presto*, *op.* 7, n° 7 (1824); *Scherzo*, *op.* 16, n° 2, (1829); et le *Scherzo* (« Prestissimo ») de 1836.

Socrate par rapport aux bonimenteurs d'Athènes, Protagoras et Prodicos. Il n'y a pas de place pour Wotan, pour les Walkyries et autres filles-fleurs au clair soleil de l'ironie. Qu'on relise, entre autres, l'incisive parodie du « thème » de Tristan que cite, « avec une grande émotion », le nègre du *Golliwogg's cake-walk* [1], en manière d'intermezzo sentimental : les quatre notes s'alanguissent comme dans un rubato de saxophone, puis, brusquement, tournent casaque et aboutissent à des facéties de jazz-band. Les parodies de Chabrier, de Séverac, de Satie, de Ravel et de Louis Aubert nous offriraient à foison des exemples de « rupture » ironique. Les romantiques, quand ils tiennent un développement, ne s'arrêtent pas facilement en chemin. Cela se comprend. Ils ont tant de choses à dire, et ils les disent si bien ! Mais justement, l'ironie, c'est de s'arrêter en route, arbitrairement, par ascétisme, et de se raidir contre toutes les complaisances du pathos, et d'attaquer une période qui finira en queue de poisson ; le développement, tournant court, laisse entendre que le musicien ne se prend pas au sérieux. A la fin de son *Trio* en *fa* majeur, Saint-Saëns conclut à la diable, de l'air de dire : « Et vous savez, je n'y attache pas plus d'importance que ça... » Ainsi font Poulenc et Darius Milhaud quand ils craignent d'être dupes de leur propre attendrissement. Ce régime de la *Sérénade interrompue*, n'est-il pas la spécialité de Ravel et de Debussy ? Rien ne vaut un pareil exercice pour les volontés que guettent l'automatisme oratoire et l'entraînement des formules. L'ironie nous préserve des routines, nous garde souples et alertes en nous pliant à de douloureuses réadaptations. L'ironie, c'est ce que Rémy de Gourmont appelle la « dissociation » et qui remanie les groupements routiniers, les constellations trop attendues, les idées qui vont par deux, par trois, symétriquement, en se tenant par la main. Il est fatigant de briser les idoles coutumières et de penser à part ce

1. *Children's Corner*, p. 26. Emmanuel CHABRIER, *Souvenirs de Munich*. Gabriel FAURÉ et André MESSAGER, *Souvenirs de Bayreuth, Fantaisie en forme de quadrille* (1880).

qui, vraiment, existe à part. Or la conscience ironique s'articule selon les distinctions et les pluralités du réel ; aussitôt qu'elle se surprend en flagrant délit d'éloquence, elle éclate de rire, fait une gentille révérence ou un pied-de-nez et entame un autre air. Elle répugne tellement à développer qu'elle préférerait presque rabâcher : plutôt le recommencement que la « continuation », plutôt les redites que les dissertations pontifiantes !

Ainsi la simulation se trahit ; en adoptant le discours d'autrui, l'ironie le contracte et le morcelle. A ce double signe on reconnaît le pastiche, comme on reconnaît le burlesque du Capitan Pantalon à la gravité mécanique de sa démarche. Abréviative et discontinue, l'ironie crible de ses fléchettes acérées le manteau de nuages dont s'enveloppe le pathos. Rude discuteuse, elle décourage la vaine prolixité. Les conférenciers n'osent plus placer leur conférence, et Gorgias lui-même finirait, comme Alcibiade, par avoir honte de soi. Mais il faut comprendre que ce régime de la disjonction aphoristique ne saurait être le dernier mot de la litote. La drôlerie sans une arrière-pensée sérieuse ne serait pas ironique, mais simplement bouffonne. Si donc l'ironie désagrège et futilise la totalité destinale, c'est pour que l'esprit, par une archéologie mystérieuse et sans rapport avec les fabrications mécaniques (ἀπὸ στοιχείων), recomplète ce qui est incomplet, remembre ce qui est démembré, insuffle enfin une vie nouvelle aux *membra disjecta* ; si l'ironie morcelle les totalités étouffantes ou ridiculement solennelles, c'est pour installer à la place une totalité pneumatique, une totalité ésotérique, une totalité dans l'invisible et selon la qualité pure. Ce n'est pas une question de tonnage, c'est une question de finesse. La réticence, l'allusion, la concision, le morcellement sont autant d'appels que l'esprit perçoit : l'esprit, sollicité par les silences et les humbles diminutions de la litote, l'esprit attiré par le rien de l'ironie totalise en esprit ; l'esprit retrouve la vérité la plus essentielle et la plus cachée ; l'esprit comble les vides et supplée aux lacunes ; rend à jamais impossibles les rugissements de la mégalomanie et les trilles des chanteuses en délire; subordonnant l'apparence à l'essence, il refrène le dévergondage et le cabotinage de l'apparence émancipée.

4. Cynisme.

Si la pseudo-concession réussit à tromper l'adversaire, c'est qu'il y a dans toute pensée suspecte et de mauvais aloi des puissances mortelles qui se développeront tôt ou tard, comme prolifèrent, après la quarantaine, les cellules d'un organisme prédestiné au cancer. Si le mal se détruit lui-même, c'est que le mal, en vérité, n'est pas viable. Le mal est, comme le vice même, l'impasse. Il peut vivre quelque temps à la faveur des équivoques, des malentendus, des mille complicités qu'il trouve dans une conscience malade; il survit, amère dérision! parce qu'il se fait passer pour son contraire. C'est à qui se camouflera le mieux : le fort parodie le faible pour le détruire, par simulation ironique; et le faible plagie le fort pour être cru, par simulation hypocrite. Un plus grand hommage pouvait-il être rendu à la justice et à la vérité? L'égoïsme a besoin de ressembler au dévouement pour garder son crédit, et l'illogisme se donne des airs logiques pour être convaincant; le belliciste le plus cynique n'ose justifier le désir de la guerre que par l'amour de la paix; le fascisme enfin, qui est la dernière ruse et la suprême diversion du capitalisme, est obligé de se dire plus socialiste que le socialisme : le peu qu'il est, il l'est uniquement par ses simulations; sans elles, il ne serait rien. La mort elle-même, si on le lui demandait, se dirait l'amie des hommes, plus vivante que la vie, plus aimante que l'amour! Quelle est dès lors la fonction de l'ironie? L'ironie force l'injuste à être bien ce qu'il est, franchement, brutalement, pour qu'il en crève; elle le contraint de s'avouer lui-même, car elle sait que ce sera sa perte. Plusieurs cas peuvent d'ailleurs se présenter : il arrive que le mal soit si grossier qu'il se dévore lui-même, comme l'« antagonisme » selon les saint-simoniens [1]; en ce cas, il n'y a qu'à le laisser faire, puisqu'il se charge de sa propre suppression, et le rôle de l'ironie consiste simplement à ne gêner en rien ce suicide inespéré, à le favoriser même autant que possible. De toutes les ironies, celle-là est la plus élégante, la plus économique; elle déclenche, avec un minimum de frais, la guerre civile des forces mauvaises, et puis elle n'a plus qu'à surveiller d'un œil amusé la décomposition de l'erreur. — Le plus souvent elle divise pour régner : des puissances qui seraient fortes par l'union perdent, disjointes, toute nuisance; tel est, selon Bergson, le rôle du cerveau, toujours habile à « diviser l'automatisme contre lui-même » [2], à neutraliser les habitudes par d'autres habitudes; telle encore la matière [3] où des forces égales, se tenant l'une l'autre en échec, s'annulent réciproquement et permettent à notre libre arbitre de s'évader : pendant que les déterminismes vident entre eux leurs querelles, nous capturons tranquillement les forces hostiles. Ainsi le pire tourne à notre avantage : comme l'ingénieur, organisant la concurrence des mécanismes, utilise la nature pour apprivoiser la nature, ainsi l'ironie tourne à son usage les forces destructives de l'erreur, dévie par ses ruses et ses stratagèmes leur colère et leur virulence; elle leur laisse le soin, puisqu'elles s'offrent spontanément, de se discréditer elles-mêmes [4]. — D'autres fois, l'ironiste force à peine le ton, donne un très léger coup de pouce aux énoncés dont il fait soi-disant profession : l'ironie, dans ce cas, aide un peu l'erreur

1. *Exposition de la doctrine de Saint-Simon*, 1re année, p. 211 (éd. Bouglé-Halévy). Voir la note 101 de cette édition (4e séance, *loc. cit.*) où l'on cite le texte suivant de Joseph DE MAISTRE (*Œuvres complètes*, I, p. 282) : « Le remède de l'abus naît de l'abus..., le mal arrivé à un certain point s'égorge lui-même... » C'est une idée hégélienne. Marx ne dira-t-il pas : « La grande industrie produit ses propres fossoyeurs »? Cf. NOVALIS, éd. Minor, t. II, p. 281. SISMONDI, *Études sur l'économie politique*, II, 60 : Gandalin, victime de sa propre magie.

2. *Évolution créatrice*, p. 195-196, 199, 286-287. Cf. p. 271.

3. *Matière et mémoire*, p. 245, 263, 278.

4. Theodor LIPPS, *Aesthetik*, I, *Grundlegung der Aesthetik*, p. 589.

à se faire hara-kiri. Toutes les transitions sont représentées entre l'exagération caricaturale et la charge ambiguë, qui est imitation imperceptiblement ridiculisante. La *parodie*, qui s'en donne à cœur joie dans l'épopée burlesque et dans la bouffonnerie, est en général cousue de fil blanc; genre littéraire, elle singe toujours « quelqu'un », la manière ou le style de quelqu'un, Homère ou Virgile : des mots ou des rites, non des idées. Surtout, la parodie énorme n'a pas d'arrière-pensées : purement négative, elle n'adopte de sa victime que le débit, le vêtement ou la grimace, pour faire rire à ses dépens; elle est plus comédienne que philosophe; c'est une grosse ironie, hilare et cynique, une satire non orientée dont les pitreries héroï-comiques restent sans portée. Toutefois elle est déjà ironique en ceci qu'elle abonde généreusement dans le sens de l'erreur pour la ridiculiser : elle la ruine non pas en l'attaquant de front, mais indirectement en poussant à la roue avec elle, en se faisant sa complice : la parodie fait avec l'erreur un bout de chemin pour peu à peu l'aiguiller, la dévier, l'infléchir vers ses propres fins. Or ce pouvoir va à l'infini, toute conscience parodique pouvant trouver hors d'elle une superconscience qui parodiera ses parodies : Emmanuel Chabrier, Fauré et Messager raillent l'enflure de Wagner, et Casella imite de même Maurice Ravel [1]. L'art de la *réfutation* repose en un sens sur ce subterfuge : faire que l'erreur se réfute toute seule et travaille, à notre place, à sa propre confusion. Il y a dans toute affirmation des possibilités d'erreur qui nous joueraient volontiers de mauvais tours si nous permettions à l'esprit de se jeter gloutonnement sur les vérités. Pour que s'épuisent tous ces possibles et pour que mûrisse la maladie latente qui travaille peut-être notre pensée, il faut en quelque sorte tenter l'erreur, expérimenter ses limites et sa nocivité. Ainsi donc nous provoquerons notre ennemi en endossant ses thèses; nous lui ferons

1. CHABRIER, *Souvenirs de Munich*. RAVEL, *A la manière d'Emmanuel Chabrier* (paraphrase sur la valse du *Faust* de Gounod). Alfredo CASELLA.

dire tout ce qu'il a à dire, en sorte qu'il donne toute sa mesure, et pour que rien ne reste ambigu; nous le forcerons à aller jusqu'au bout de son rôle. L'ironie est comme un détective qui veut avoir son prisonnier vivant, et qui prolongerait même la vie de ce prisonnier pour en savoir davantage. De là la nature analytique, excitante de l'ironie : l'ironie, mimant les fausses vérités, les oblige à se déployer, à s'approfondir, à détailler leur bagage, à révéler des tares qui, sans elle, passeraient inaperçues; elle fait éclater leur non-sens, elle induit l'absurdité en auto-réfutation, c'est-à-dire qu'elle charge l'absurde d'administrer lui-même la preuve de son impossibilité; elle fait faire par l'absurde tout ce que l'absurde peut faire lui-même. Est-ce ironie ou machiavélisme? La monition ironique ou, comme dit l'épicurien Philodème [1], la νουθέτησις abonde dans l'absurde pour la confusion de l'absurde. Le tour de force de la réfutation (ἔλεγχος) consiste en somme à se déranger le moins possible, à donner l'impression, par une mise en scène appropriée, que la faillite de l'erreur vient de l'erreur elle-même, et non pas des objections qu'on lui adresse du dehors. Telle est la réfutation interrogeante de Socrate : Socrate parle à peine, mais il fait parler. C'est tout juste s'il donne le branle à la discussion; puis, l'ayant amorcée, et sans se laisser entraîner par elle, il se borne à mettre les nigauds en fâcheuse posture, il encourage, par ses questions, leur rhétorique et leurs sophismes; il les laisse patauger quelque temps, et puis il n'a plus qu'à recueillir, dans leur silence, l'aveu de leur capitulation, quand celui-ci est mûr. Personne n'oserait dire oui et non en même temps et sous le même rapport; mais il arrive que, sans s'en apercevoir, on affirme d'abord ce qu'on niera ensuite; il arrive que des contradictions se dissimulent sous des expressions à peu près cohérentes. La réfutation est le système des règles qui nous servent à transformer les contradictions selon la succession en contradictions simultanées — parce que celles-ci sont de toutes les plus choquantes; elle

1. Περὶ παρρησίας.

démasque, en les grossissant, les incohérences clandestines du discours, elle nous met enfin le nez dans notre propre absurdité. Bien des transitions, au reste, pourraient être dénombrées entre l'ironie négative et l'ironie positive. Il y a une ironie qui se contente de monter en épingle le scandale, et une ironie qui collabore personnellement avec ce scandale; une ironie qui se croise les bras ou simplement déblaye un certain champ d'action autour de la volonté vicieuse pour qu'elle veuille à fond et se compromette spontanément, et une ironie qui intervient dans la dialectique même de cette volonté... Car il y a plus d'une nuance entre *laisser* parler et *faire* parler! entre laisser l'adversaire s'enferrer et le « faire marcher »! Oui, c'est bien autre chose que de paraître consentir à l'absurde par son silence approbateur et par une feinte complicité, ou de dire froidement des énormités, et d'en « remettre », et d'enchérir, tel Montesquieu [1] feignant de plaider l'esclavage des nègres par des arguments qui feraient honte au plus cynique des esclavagistes : « Ceux dont il s'agit sont noirs depuis les pieds jusqu'à la tête; et ils ont le nez si écrasé qu'il est presque impossible de les plaindre. On ne peut se mettre dans l'esprit que Dieu, qui est un être très sage, ait mis une âme, surtout une âme bonne dans un corps tout noir. » Mais dans tous les cas l'Elenchos n'a plus qu'à assister en spectateur à la banqueroute de l'insolence et de la sottise prétentieuse. N'est-ce pas le fin du fin et le comble de l'adresse en matière d'économie? De même que l'ironie logique fait saillir l'absurdité latente, ainsi l'ironie éthique fait éclater les scandales invisibles, car le scandale est l'absurdité pour un libre vouloir comme l'impensable absurdité est le scandale pour la raison. L'ironie morale laisse la mauvaise conscience s'enferrer, développer jusqu'à l'absurde les conséquences de ses prétextes, pour qu'elle demande grâce. *Quos vult perdere...* Plus les prétextes sont faibles, plus la conscience honteuse se montre follement logique dans ses déductions et largement vulné-

1. *De l'Esprit des Lois*, XV, 5.

rable à l'ironie : le scandale démasqué meurt d'être soi-même. L'ironie formerait donc un chapitre de l'« art de persuader » : elle cherche, littéralement, à *convaincre* les grotesques plutôt qu'à les *vaincre*. On est persuasif lorsqu'on engage le méchant à toucher loyalement le fond de sa propre méchanceté pour qu'il en éprouve personnellement le scandale : la volonté ironique, évitant de heurter de plein fouet, par un blâme direct, la volonté adverse, l'induit à se vouloir elle-même abolie ou amendée. Ironiser, c'est donc tourner l'obstacle. L'obliquité de l'ironie est calquée en cela sur la relation indirecte de l'expression et du signifié. Est-ce à dire que l'ironie est l'arme des faibles, l'escamotage par excellence (κατ' ἐξοχήν) et qu'elle triomphe par surprise, en multipliant les « trucs » et les fausses manœuvres? Disons plutôt que si l'ironie manœuvre, en apparence, sans éclat, c'est parce qu'il est des résistances — et avant tout les résistances d'origine spirituelle — qu'on ne fléchit jamais directement. Tactique usuelle en pédagogie : l'art du missionnaire ou du propagandiste ne consiste-t-il pas à se mouler exactement sur la conscience d'autrui, à adopter son point de vue pour la transformer et dériver le cours de ses passions? L'orateur a l'instinct de ce mimétisme et s'adapte aux auditeurs pour que les auditeurs s'adaptent à lui. Directement on ne rendra pas l'égoïsme désintéressé, mais on peut l'*intéresser au désintéressement*, comme ces patrons habiles qui font participer leurs ouvriers aux bénéfices de l'entreprise. Voilà une ironie éducative, secourable aux consciences, maîtresse dans l'art des concessions spécieuses; elle induit les âmes à s'ouvrir et à lui donner leur confiance. La pédagogie, toutefois, a des égards pour l'erreur; elle sympathise avec l'apprenti, et elle lui rend hommage; elle est parfois dupe de ses propres avances; dans son indulgence elle croit, en somme, que rien n'est absolument faux. L'ironie, elle, condescend à l'erreur, non pour la comprendre, mais pour la détruire; aussi souple que résistante, elle plie, mais tient bon; elle est moyenne entre la rigidité inflexible du sérieux et l'élasticité du lâche conformisme. Descartes a bien connu cette stratégie passionnelle qui biaise avec les tentations, pour les vaincre, et avec les réflexes, pour en intervertir la direction naturelle. Une muraille se renverse à coups de bélier. Mais la volonté est plus forte que la mort. Pour que cède une volonté qui dit non, il n'y a pas deux moyens : il faut vouloir comme elle, à ses côtés, humblement, jusqu'à ce qu'elle veuille bien être vaincue. Il est plus facile de coloniser la lune et les Pléiades que de forcer à l'amour un être dont on n'est pas aimé, c'est là vraiment une difficulté surnaturelle; car on ne force pas plus l'amour qu'on ne force la confiance, l'intolérance obtenant un conformisme légal, mais non une adhésion intime : on peut me forcer à mourir pour mon prochain, dit Proudhon, on ne peut me forcer à l'aimer; Dieu lui-même, à en croire les chrétiens, Dieu, pour apprivoiser la mauvaise volonté, refuse de se défendre contre ses propres ennemis; Dieu meurt sur une croix comme un voleur. Quant à Socrate, il fait plus que ne pas résister au mal : dans une certaine mesure il justifie ses juges, et il leur donne raison. Pour vaincre la méchanceté qui vient de l'âme, et tout de même pour obtenir le consentement du for intérieur, il nous reste heureusement l'ironie. L'ironie d'ailleurs n'insiste que rarement; le mal, tant il est aveugle, ne se fait pas prier quand on l'invite à se mouvoir lui-même : si bien que l'ironie du sujet, à la limite, n'est presque plus rien sinon l'impossibilité même de l'objet.

Le deuxième cas est celui du *cynisme*. Il arrive que le scandale et l'absurdité payent d'audace et, sans attendre l'interrogatoire d'un Socrate, prennent l'initiative de se professer eux-mêmes. Le mal, qui serait foudroyant aux doses moyennes, acquiert, à très haute dose, des vertus thérapeutiques. Le cynique joue le tout pour le tout : défiant morale et logique, il revendique hautement cela même qu'on lui reproche; le « cynique » se veut *canaille* et adopte la politique du pire. Le méchant, « enroulé sur soi, cru et nu..., cuit et recuit [1] » habite à l'aise dans sa

1. Émile Tardieu, « Le cynisme, étude psychologique » (*Revue philosophique*, 1904, p. 1-28).

méchanceté et s'applaudit à lui-même. Voilà l'aspect exotérique du cynisme, celui qui nous révolte chez l'égoïste fanfaron; nous l'appelons parfois impudence, et il éclate, comme on sait, dans les portraits d'un Saint-Simon ou d'un Retz, chez les larbins éhontés de *Gil Blas*, dans l'insolent catéchisme de Falstaff : « L'honneur n'est rien qu'un écusson badigeonné pour obsèques... » Le cynisme est bien la friponnerie glorieuse. Mais il y a au verso de cette friponnerie une seconde image que nous devons déchiffrer. Les deux personnages — mystificateur et mystifié — qui sont l'un devant l'autre dans l'ironie simple, ces deux personnages n'en font qu'un chez le cynique. Il y a pourtant dans le cynisme une dialectique qui est du même ordre que le Jeu : car si le cynique se parodiait vraiment lui-même, il ne serait pas autre chose qu'un ironiste. Le cynique, en vérité, est relativement sérieux; ou plutôt, il n'est ni tout à fait dupe ni tout à fait comédien, et il ne saurait dire lui-même s'il « le fait exprès »; à force de jouer avec le scandale, il lui arrive de l'endosser. Justement l'*homo duplex*, l'homme amphibie, toujours mitoyen entre instinct et raison, cet homme est parfois cynique faute de pouvoir être absolument impudique : il brave sa propre vocation, et il se renie lui-même, et il se fait du mal à lui-même. Comme l'antithèse romantique accouple des concepts qui hurlent de se trouver ensemble, dans la tension aiguë de leur dissonance, de même le cynique s'amuse à courir des périls mortels. Gobseck, Vautrin et Nicolas Vsevolodovitch Stavroguine représentent-ils trois formes du cynisme pur? La méchanceté diabolique est une situation aussi impensable que le désespoir sans mélange; et comme notre optimisme invétéré trouve toujours le moyen de se reformer autour de la malchance, d'adopter avec elle un *modus vivendi*, de normaliser l'échec et la douleur, ainsi notre honneur trouve jusque dans l'impénitence irrémédiable ses positions de repli; la nuit de notre âme n'est jamais si noire que nous n'y devinions une espèce de clarté vague qui est comme l'aube de notre renaissance. Nous digérons le malheur, la honte et l'inintelligible, et notre idée de la probabilité est assez élastique pour rationaliser les hasards les plus fortuits. Il ne faut donc pas confondre le désespoir, qui est infini et impensable comme la mort, et les raisons de désespérer qui ont évidemment une certaine grandeur objective; le désespoir, c'est la totalisation impossible, l'impuissance à intégrer, l'Inconciliable absolu. « Comprenez-vous ce que cela veut dire : n'avoir plus où aller? » demande Dostoïevski dans *Crime et Châtiment*. Ainsi aucun méchant, si endurci soit-il, n'avoue sérieusement et de gaieté de cœur sa propre malice; ou même s'il la confesse, il ne la professe pas. Nul ne se déclare abject, le sachant et le voulant. Le cynique croit à la fécondité de la catastrophe, et il endosse bravement son péché pour que celui-ci s'avère impossible, insociable, intolérable; il fait éclater l'injustice, dans l'espoir que l'injustice s'annulera elle-même par l'homéopathie de la surenchère et de l'esclandre. Telle est d'abord l'ambiguïté du *blasphème :* le blasphémateur est un passionné qui veut, pour ainsi dire, aller jusqu'au fond du sacrilège afin d'être vacciné contre la malice; il insulte le crucifix comme on bat sa maîtresse, parce qu'il en est amoureux; et il a beau plastronner, il ne sera pas l'antéchrist. L'athée qui, tirant sa montre, donne à Dieu un quart d'heure pour le foudroyer, est peut-être un désespéré qui prie secrètement [1]. Pascal, pour avoir connu les libertins, savait que les extrêmes se touchent et que l'athéisme est plus près de la foi que l'indifférence. Lucrèce se convertirait plus facilement que Voltaire. Car la négation fanatique, comme chez Ivan Feodorovitch Karamazov, docteur de l'absurde [2], n'est peut-être qu'un effet d'ambivalence, une des feintes du besoin religieux, et qui devient inoffensive dans l'excès même de ses violences; les blasphèmes agissent comme un sérum et précipitent la crise sans laquelle il n'est pas de réconciliation durable. Mangez l'hostie, s'écrie

1. MUSSET, *La Confession d'un enfant du siècle*, I, 2.
2. *Les Frères Karamazov*, II, 5, 4.

Max Stirner, et digérez-la bien : non pas toujours pour étouffer la foi, mais pour que du fond de votre profanation germe un respect vivant et tout spirituel. Il en est de l'*immoralisme* comme du délit de lèse-sainteté : Nietzsche fait des scènes à la morale parce qu'il est éperdument moraliste, parce qu'il se fait une haute idée de la vertu : accablerait-il de tant de haine et de mépris l'éthique rancunière s'il n'était avant tout un moraliste déçu? L'immoralisme est donc à lui-même son propre contre-poison [1]. C'est sans doute dans ce même esprit et par amour refoulé que bien des anarchistes refusent l'État, la société, la patrie; le fond, comme on dit, est resté bon, et leur sans-gêne provocant n'est peut-être qu'une figure paradoxale de l'ordre. Troisièmement, l'esprit, dans certaines formes de cynisme intellectuel, tente le scandale pour se durcir et s'immuniser contre lui : le *credo quia absurdum* de Tertullien fait pendant au *pecca fortiter* du Réformateur. Ce qui est cynique, c'est de dire *quia* là où on attendrait *quamvis :* faire d'un obstacle une raison, affirmer le négatif, n'est-ce pas vraiment le comble du défi? Proust parle quelque part [2] d'un *Quoique* qui est un *Parce que* méconnu. Le cynique serait, en ce cas, celui qui dit tout haut ce que beaucoup pensent tout bas, et qui n'essaye plus de sauver les apparences; il congédie décidément l'excuse décente, avouable, officielle du *Quamvis*, il jette le masque, il n'hésite plus à prononcer le *Quia* scandaleux, sans doute parce qu'il sait qu'une légalité plus profonde se cache sous ce scandale. *Credibile quia ineptum, certum quia impossibile!* Tel le pardon pardonne

1. MONTAIGNE, *Essais*, II, 5 : « La méchanceté fabrique des tourments contre soi » (« De la conscience »); III, 2 : « La malice hume la plupart de son venin et s'en empoisonne » (« Du repentir »). *Malum consilium, consultori pessimum!* Les pécheurs sont comme les guêpes : *Vitasque in vulnere ponunut*, dit Virgile. Cf. KIERKEGAARD, *Entweder Oder*, p. 17. SÉNÈQUE, *Ep.*, 81 : *Malitia ipsa maximam partem veneni sui bibit.* LUCRÈCE, V, 1152-3 : *Circumretit enim vis alque injuria quemque Atque unde exortast ad eum plerumque revertit.*

2. *A l'ombre des jeunes filles en fleurs*, I.

non point malgré la faute, mais à cause d'elle. Kierkegaard et Léon Chestov ont beaucoup insisté sur ce paradoxe. Le mystique se vautre dans la déraison, parce qu'il sait que cette déraison prélude à la Raison véritable, celle que, dans notre petite sagesse, nous appelons folie : τὸ μωρὸν τοῦ θεοῦ, dit saint Paul, σοφώτερον τῶν ἀνθρώπων ἐστί. Ou encore : sois pécheur, comme saint Augustin, pour te convertir fortement. Voilà peut-être qui nous aiderait à comprendre ce qu'on peut appeler le cynisme pascalien : Pascal fait profession d'obscurantisme, parce qu'il se place sur un plan où le suicide de la raison humaine annonce l'avènement d'une Raison surnaturelle qui est bien plus que raisonnable; il professe cela même que les cartésiens lui reprochent, les puissances trompeuses, et l'opium des observances quotidiennes, et l'eau bénite, et « le manque de clarté ». C'est ainsi que Gracian, ironisant sur l'ironie platonicienne, avait interverti les hiérarchies du *Phédon* et rétabli... en apparence! le primat de l'apparence. « Que j'aime à voir cette superbe raison humiliée et suppliante! » Mais il faut, pour que la transfiguration soit complète, aller courageusement jusqu'à l'extrémité du scandale [1]. « Jésus-Christ n'a pas voulu être tué sans les formes de la justice, car il est bien plus ignominieux de mourir par justice que par une sédition injuste » : en vrai cynique qu'il est, Pascal fait du *quamvis* un *quia* et trouve dans l'obscurité même du christianisme une preuve de plus en sa faveur; comme dans la logique passionnelle, tout tourne à la gloire de Dieu : et le pour, et le contre. C'est une vraie cristallisation amoureuse... Les miracles prouvent Dieu, mais aussi les Juifs, et les païens, et les obscurités mêmes de la religion chrétienne prouvent que ce Dieu est précisément le vrai [2]! Comment

1. Sur le scandale : KIERKEGAARD, *Traité du désespoir*, trad. K. FERLOV et J. GATEAU, p. 172-179. *L'École du Christianisme*, trad. P.-H. TISSEAU, p. 93 et suiv.

2. Joseph de MAISTRE lui aussi fait servir la Révolution française aux desseins de Dieu! « Tout tourne en bien pour les élus... », dit Pascal, section VIII, fr. 575.

décourageait-on jamais le croyant? La croyance fait flèche de tout bois : les objections, à son contact, deviennent des arguments. Qu'elle exalte l'inintelligible, comme fait, avant Nietzsche, Frédéric Schlegel, qu'elle dise oui, comme Nicolas de Cuse, à la contradiction escarpée [1] et à la docte ignorance, qu'elle accepte le Hasard, la Pluralité, le « nouveau moyen-âge » ou l'inquisition, toujours la pensée se sert des paradoxes aigus comme d'un antidote contre l'hérésie. Il en est de même, enfin, de tous les solitaires, des pessimistes, des hommes qui ont passionnément méprisé l'homme et qui souhaitèrent humilier en eux l'humanité. Hobbes, Machiavel [2], La Rochefoucauld, Mandeville ne donnent pas cher de leurs semblables, car ils ont perdu toute illusion. Dire : il n'y a pas d'amis, aucune femme ne vaut la peine d'être aimée; penser que tout est à vendre et que le mariage est une affaire; maudire le respect et l'amour et la pudeur, mépriser l'homme, cela n'est pas désespérer, mais, au contraire, c'est découvrir la grandeur de l'idéal et le prix infini de l'amour; l'épicurien goguenard, et qui a la coquetterie de sa propre sécheresse, s'offre aux hommes comme un vivant reproche; il fait éclater la dérision des attachements humains. « Sais-tu ce que je veux en réalité? Que vous alliez tous au diable. Je n'ai besoin que de cela. J'ai besoin de tranquillité. Je suis capable de vendre l'Univers entier pour un kopek... Que périsse le monde pourvu que je boive toujours mon thé [3]. » Mais nous savons justement que de l'avoir dit sauve, dans une certaine mesure, le monde et les hommes. C'est ce que prouve, par exemple, le cynisme poignant de Kurt Weill. L'action anagogique de l'intention ironisante sur la conscience se trouve ainsi facilitée par l'inconsistance de l'erreur et la non-viabilité du mal : le renversement antégo-

1. Ch. Renouvier, *Manuel de philosophie moderne* (1842), p. 377-389, 18.

2. *Le Prince*, chap. xvii.

3. Dostoievski, *Mémoires écrits dans un sous-sol*. Cf. *Les Frères Karamazov*, II, 4, 2.

rique utilise la tendance de l'erreur à virer en son contraire quand elle est dialectiquement poussée à l'extrême, et il précipite ou accentue cette inversion par sa propre inversion en ridiculisant l'erreur, ou plus simplement en la laissant prospérer dans son absurdité. L'inversion ironique, qui va du vrai au faux, accélère donc et souligne l'inversion inverse, qui retourne du faux au vrai. L'ironisé, devenu complice de l'ironiste, perçoit la proposition engageante, la suggestion invitante de la feinte, et passe par-dessus la lettre. Mais il est à noter que l'inversion numéro deux peut réussir sans cette connivence, par la désagrégation foudroyante et spontanée de l'absurde. Tel est précisément le cas du cynisme. Tout perdre, c'est ici gagner tout [1]. Il n'y a sans doute pas d'autre « miracle » ici-bas que cette transfiguration de l'échec en victoire. Car comme l'espérance germe à nouveau dans le désespoir du remords, à condition que ce dernier soit sincère, ainsi la vérité ressuscite dans la nuit de l'erreur. Les cyniques ressemblent à ces âmes qui, selon les Carpocratiens, parcourent tout le cycle des péchés pour conjurer le mal : les cyniques, et le sacrilège, et l'immoraliste, et l'irrationaliste, et l'amant déçu cherchent, en affichant le satanisme, à prévenir Satan. Il y a des mots qu'il suffit de prononcer pour les rendre inoffensifs : le cynisme, en proférant le mal à haute voix, l'exorcise, car l'appeler par son nom, c'est déjà, en quelque sorte, l'envoûter. De là la faiblesse de l'injure et la chasteté de l'obscène; de là encore la puissance curative de l'aveu. Psychanalyse ou magie? Il y a un cynisme érotique qui volatilise la tentation en la confessant et en la professant; et il y a un cynisme naturel du langage qui réfute l'absurdité rien qu'en l'énonçant, par le son équivoque qu'il lui fait rendre, et en découvrant aux passants sa pauvre figure. Parler, disions-nous, c'est déjà ironiser, c'est soulager sa lourde conscience. Socrate, le patron des ironistes, n'est-il pas aussi le sorcier qui impose au péché

1. Kierkegaard, *Christliche Reden* (1848).

le baptême de la définition et qui confond l'injuste en le nommant? Le propos cynique est le contraire du tabou : ici l'on prohibe parce qu'on brûle d'envie de profaner, et là on profane pour approfondir le respect. Le cynisme moral, comme le cynisme éhonté de Don Juan, ose expérimenter tous les possibles, mais dans une intention diamétralement opposée : il prononce tous les mots, accomplit tous les gestes, viole tous les tabous, brave tous les esclandres, afin que rien ne reste implicite et latent. En fait, les hommes blasphèment et la terre continue à tourner, et le soleil de Dieu à briller pour les consciences régicides comme pour les autres; les hommes disent l'une après l'autre toutes les paroles défendues, et le feu du Ciel ne descend pas sur la nouvelle Sodome, la Sodome du scandale et du cynisme. Cela ne veut pas dire que Dieu soit de mèche avec ses propres ennemis; mais seulement ceci que Dieu voit sans déplaisir les consciences courageuses qui osent le maudire, qui risquent, comme Bunuel, l'épreuve des violences les plus révoltantes, et qui affirment la haine parce qu'ils se font une trop haute idée de l'amour.

5. Conformisme ironique.

Ainsi, tandis que le scandale, dans la Parodie et dans la Réfutation, était simplement l'objet de la dialectique ironique, il en est, dans le cynisme, et l'objet et le sujet : c'est la conscience elle-même qui se veut scandaleuse, et qui travaille sur soi, et qui hâte la maturation du péché. Les deux personnages de l'ironie, agent et patient, ne font qu'un dans le cynisme. L'ironisé, acculé par l'ironiste dans l'impasse de ses propres contradictions, se laissait pousser à bout et, finalement, demandait pardon d'être soi. La conscience cynique, elle, prend les devants; elle cherche froidement la situation sans issue, car elle sait que, lorsque l'injustice est trop grande, le destin lui-même a honte pour nous; loin de s'empêtrer, comme l'autre, dans l'absurde, elle en joue avec brio, et elle est ravie de se perdre dans le dédale de l'erreur. Elle est excessive, mais très sérieuse. Pourvu qu'elle n'aperçoive pas trop tôt la clairière! Elle se retrouvera, mais nous aurons eu peur... Dans la conscience cynique se trouvent conjointes l'inconscience peu à peu réveillée de l'ironisé et la surconscience de l'ironiste : c'est une consciente inconscience! Le cynisme est une conscience déchirée qui vit tragiquement, intensément, passionnément son propre scandale; mais l'ironie, qui n'a affaire qu'au scandale des autres et qui tient ferme à sa vérité, à son système de référence, l'ironie ne connaît pas la tragédie de l'écartèlement; ce n'est pas elle qui hésiterait devant l'ignominie ou se laisserait ébranler par l'absurde! Sa besogne de superconscience joueuse, c'est de convertir insidieusement la sottise péremptoire et l'emphase burlesque par la simulation du conformisme. Il est dès lors facile de comprendre pourquoi le cynisme est plutôt dans l'outrance, alors que l'ironie feint généralement d'adopter les ἔνδοξα ou opinions communes de la majorité. Le radicalisme cynique endosse des maxima, pour les discréditer; le maximalisme cynique ramasse dans une formule, dans une devise le scandale diffus qui est en suspension parmi les hommes : « Après moi le déluge! » — « Chacun pour soi. » — « L'argent n'a pas d'odeur. » — *Esto peccator*, etc. Il fait le brave et dogmatise impitoyablement autour du blasphème. Le conformisme ironique, lui, adopte ce qui est moyen, et non pas ce qui est aigu; il s'installera, par exemple, en pleine moralité bourgeoise, pour la désagréger. De là vient qu'il offre un visage tout opposé à celui du cynisme — aussi souriant que ce dernier est brutal — bien qu'ils aillent, en somme, au même but. Assurément, le cynique ne fait pas du scandale pour le plaisir de scandaliser; mais il coupe les ponts derrière lui, pose des mines partout, et il est littéralement en rupture de ban avec la société humaine; il se croit paria, bien qu'il pense déjà à l'au-delà de son propre cynisme, et c'est justement son désespoir qui le met au delà en effet et qui le préserve aussi bien du cabotinage que de l'anesthésie complète; il doit désespérer sincèrement pour se délivrer et ignorer ce que le témoin seul a le droit de savoir : que ce désespoir est la condition de cette délivrance; que la consolation est d'emblée impliquée dans la désolation. La culmination de sa détresse, comme chez les damnés de Dostoïevski, est le début de sa renaissance. Quant au conformiste ironique, il conduit souverainement le jeu. Les cyniques ne sont pas entièrement maîtres de l'invivable tragédie qu'ils ont pourtant voulue, car comme c'est l'insoutenable qu'ils veulent, il n'y a pas de milieu : ou bien ils sont des pitres ou bien ils souffrent, emportés par la catastrophe qui les guérira violemment. Les cyniques sont de malheureuses consciences. En faisant chorus avec la multitude, l'ironiste, lui, ne court guère le risque de se laisser prendre; son ironie, au lieu de se tenir en marge du consentement unanime, prétend être majoritaire; elle va au-devant de la banalité, et non plus de l'exception, mais c'est « pour la frime ». L'ironie conformiste fait comme les snobs qui veulent goûter, un soir, aux plaisirs du quatorze juillet : elle feint de « marcher », joue le jeu démagogie, hurle avec les loups, est de l'avis de tout le monde, pour faire semblant. Mais comme elle ne simule que les gestes et les sentiments les plus communs [1], il arrive que le public s'y trompe : à écouter un cynique, on s'exagérerait plutôt la part du jeu, tant son langage est excessif, tendu et frénétique; l'ironiste, par contre, ne cesse d'aiguiller les indiscrets sur de fausses pistes. Le cynique qui souffre et qui engage son âme, on le prend pour un farceur, on ne veut pas que ce soit sérieux; et l'aimable pince-sans-rire, qui badine poliment, sans paraître y toucher, on le croit sur parole. Quelle dérision! Tout à l'heure on se trompait par incrédulité; maintenant on se trompe par excessive crédulité. Cet incognito ironique, les pharisiens d'Athènes, qui ne s'y trompaient pas, l'avaient déjoué dans les manœuvres de Socrate. Certes Jésus dit lui aussi : payez l'impôt; rendez à César, etc. Mais le

1. NIETZSCHE, *Le Voyageur et son ombre*, II, aph. 175 : la médiocrité comme masque et travestissement.

Galiléen n'essaye pas, comme le citoyen d'Athènes, de sauver les apparences : il n'observe pas le sabbat, viole la loi de Moïse et accable les docteurs de ses sarcasmes; il ne dit pas, au reste, qu'il ne sait rien, et ne cache nullement qu'il est le Messie, le fils de Dieu venu pour sauver les hommes, et qu'il pourrait appeler à son aide, s'il le voulait, les légions des anges vengeurs. Décidément le conformisme est une spécialité socratique... Tout bêtes qu'ils fussent, Mélétos, Anytos et Lycon avaient compris que le grand simulateur se moquait d'eux. Il propose froidement qu'on le nourrisse au Prytanée. Il ne se défend pas, fait la bête, bavarde avec ses juges. En mourant, il demande qu'on sacrifie un coq à Esculape. Selon le *Criton*, il refuse de s'évader et prête aux Lois de sa patrie une grande tirade qui ne laisse pas de surprendre dans la bouche de cet anarchiste libre de toute tradition, et généralement plus soucieux d'interroger que de déclamer; il se laisse aller à discourir comme n'importe quel sophiste. Pour un esprit indépendant, voilà certes un citoyen bien respectueux des lois! Mais tout ce que fait ce mystificateur ne doit pas être pris à la lettre. Xénophon, le plus lourd des Grecs, se donne une grande peine inutile pour faire pardonner à Socrate l'audace de sa critique; il en fait un petit bourgeois inoffensif, plein de zèle irénique, soucieux de légalité, bon citoyen, dévot scrupuleux. Quelle idée bizarre de faire boire la ciguë à cet honnête rentier! Xénophon prend pour de l'argent comptant la prosopopée des lois et le coq d'Esculape. Au fait, Xénophon a-t-il si tort que cela? Socrate est un cobold [1], un original (ἄτοπος), une créature contradictoire et déroutante. Ce qui fait ici l'ἀτοπία [2], l'atopie génératrice d'aporie, c'est le contraste entre une forme conforme gramma-

1. Kierkegaard, *Der Begriff der Ironie*, p. 7. *La Pureté du cœur*, p. 61.

2. *Alcibiade*, 106 *a*; *Gorgias*, 473 *a*, 494 *d*; *Banquet*, 215 *a*, 221 *d*; *Phèdre*, 229 *c*, 230 *c*, 251 *d*; *Phédon*, 95 *b*; *République*, 475 *b* (cf. 524 *b*); *Théétète*, 149 *a*; *Politique*, 298 *e*. Cf. *Hippias mineur*, 369 *e*. Platon dit aussi : δεινός, θαυμαστός (par exemple *Banquet*, 213 *c*, 215 *c*, 216 *c*, 217 *a*, 219 *c*).

ticalement aux maximes du grand nombre et une intention qu'on devine pneumatiquement subversive : le lourdaud, dérouté par l'amphibolie, se sent mal à son aise; le lourdaud, embarrassé par la duplicité allégorique, ne sait plus à quel saint se vouer ni sur quel pied danser; la conscience simple, faite pour une littéralité univoque et inambiguë, renonce à interpréter la conscience de conscience, virtuose du double-jeu et de la double-entente; elle ne sait pas (car tel est le sens de « atopia ») en quel *lieu* — τόπος — localiser le cryptogramme, dans quelle catégorie le loger : comique ou tragique [1], lettre ou esprit; et c'est pourquoi l'ambigu, l'insaisissable qui n'est nulle part ni personne est comparé aux créatures hybrides, équivoques et protéennes de la mythologie, silènes et satyres. N'y a-t-il pas (sans jeu de mots) une espèce de parenté entre l'atopie et ces « utopies » de la *République* qui sont un sujet si bizarre de perplexité et de stupéfaction pour le sens commun? Car le sens commun, anironique par nature, n'a pas d'*exposant*. Tout ce qui est, comme le désir selon *Phèdre*, ambivalent, est de nature atopique. Comment le sérieux saurait-il à quoi s'en tenir? Naturellement il faut être dépourvu d'humour comme Xénophon pour accepter de confiance tout ce que Socrate nous dit sur lui-même. Et pourtant, on est excusable de se tromper, car il est aussi ambigu que la pythie de Delphes qui, on le sait, ne se compromettait guère. Il n'est pas pauvre, mais il vit avec cinq cents drachmes par an. Soldat valeureux, il est aussi le plus distrait des philosophes. Il peut boire beaucoup mais ne s'enivre jamais, comme il veille sans avoir jamais sommeil — car il est un noctambule incorrigible. Il est toujours chaste, quoique perpétuellement amoureux. Semblable à un satyre pour le visage, il est merveilleusement beau « au-dedans », τἄνδοθεν comme il est dit dans la prière du *Phèdre*. Ennemi des Trente et de l'oligarchie, il

1. M. René SCHAERER, *art. cit.*, insiste avec raison, à cet égard, sur l'importance de la conclusion du *Banquet* (223 *d*). Sur l'ἀτοπία : Léon ROBIN, notice au *Banquet* (éd. Budé), p. CII.

meurt victime des démocrates. Il est à la fois proche et lointain, attirant et repoussant, présent et absent, éloquent et narquois; à ce banquet tout électrisé par les vapeurs de l'ivresse il représente un principe de sobriété et de self-contrôle; mais aussi il adhère aux vérités délirantes d'une magicienne; il est gagné à la fois par l'ébriété d'Alcibiade et par l'exaltation de Diotime; esprit positif, il est aussi joueur de flûte, preneur-de-rats et enchanteur Merlin[1]; l'ébriété même est chez lui une sobriété! Il est saoul et lucide, lyrique et prosaïque, dionysiaque et raisonnable... Hélas! comment s'y reconnaître? Et pour couronner le tout, la science-de-soi dément en lui la profession de nescience, le γνῶθι σεαυτόν s'inscrit en faux contre le οἶδα ὅτι οὐκ οἶδα. La disparité de la séduction socratique telle que la décrit Alcibiade correspond trait pour trait à la duplicité érotique selon Diotime : belle laideur et docte ignorance, à la fois aîné et puîné, le plus jeune des dieux suivant Agathon et le plus vieux selon Phèdre, tenant à la fois de Poros et de Penia, qui sont Opulence et Indigence, Éros est, comme Socrate, une nature démonique, c'est-à-dire intermédiaire. Cela n'est-il pas « silénoïde »? τοῦτο οὐ σιληνῶδες; en vérité c'est dans le désir et dans la synthèse anagogique que se résout cette contradiction du dénuement et de la plénitude. Mais avant d'être joueur de flûte et satyre Marsyas, l'ironiste est poisson-torpille; avant de nous conduire à la vérité, il produit le désarroi et la torpeur. Les Grecs pensaient qu'une belle âme ne peut habiter qu'un beau corps, tout comme Boileau croira, plus tard, à la véridicité naturelle de l'expression. Socrate, l'être « bifrons », représente dans l'histoire de la pensée grecque la première complication moderne, la première disjonction pessimiste, la première énigme. Θαυμαστὴ ἡ κεφαλή[2]! Socrate dément, par son exemple, que le beau soit toujours la splendeur ou irradiation (ἔκλαμψις) du

1. *Charmide*, 157 *a* : θεραπεύεσθαι τὴν ψυχὴν ... ἐπῳδαῖς τισιν...
2. *Banquet*, 213 *c*.

bien et du vrai [1], que l'apparence soit l'apparition toujours véridique de l'essence : le masque socratique [2], instituant le chiasme de la laideur physique et de la beauté morale [3], initie l'homme à sa propre modernité; laid comme un bouc au-dehors, sage comme un dieu à l'intérieur, il disjoint par l'obliquité de son regard et l'incognito de ses mythes l'équation officielle, béate, exotérique de la beauté-bonne; son visage dément sa pensée, ses propos sont à double entente et maquillent ingénieusement sa vocation; il est faussement clair, fait semblant d'admirer la virtuosité de Calliclès et la bigoterie d'Euthyphron, il contrefait le respect des traditions pour duper l'éternel Xénophon qui est en chaque homme; il conduit les nigauds sur la glace bien lisse, et il s'amuse à les voir tomber. Il feint, par fausse naïveté, de donner dans les pièges qu'on lui tend; mais c'est un raffinement, car il est plus rusé que la ruse. L'ironiste, sans le vouloir, aguerrit ses propres victimes; au fur et à mesure que celles-ci le déjouent, il se dérobe et camoufle ses premiers camouflages; il fixera, par exemple, l'attention de l'adversaire sur des embûches voyantes pour poser ailleurs une invisible souricière. La conscience ironique peut subtiliser à l'infini ses guet-apens. Socrate, créature mobile, sait l'art de se confondre avec son milieu, d'en adopter la couleur et les préjugés [4], de lui faire patiemment sa cour; mais il n'est pire eau que l'eau qui dort : comprenons que son respect est injurieux, et plus humiliant que le mépris. — Comme tout le monde ne déjoue pas les travestis conformistes de Socrate, tout le monde ne déchiffre pas le chiffre du loyalisme pascalien. Il y a un continuel « renversement du Pour au Contre », et ensuite du Contre au Pour; mais le Xénophon

1. Malgré *Lysis*, 216 *d* (... τἀγαθὸν καλὸν εἶναι); *Banquet*, 206 *d*, 209 *a-c*.

2. Hermann COHEN, *Ethik des reinen Willens*, p. 501.

3. *Banquet*, 210 *b-c*. Cf. le discours d'Alcibiade : 215 *a-b*, 216 *d*, 218 *e*, 221 *d*-222 *a*.

4. Les *Lois* parlent de ces athées qui ne professent pas ouvertement l'incroyance, mais s'adaptent extérieurement à la foi populaire pour atteindre leurs fins : 908 *d*.

que nous sommes s'en tient soit au Pour soit au Contre; le sérieux pontifiant et adialectique immobilise tel moment provisoire sans discerner l'amphibolie profonde de ces langages successifs et le mouvement qui les relie. Les prétendues contradictions de Pascal ne s'expliquent-elles pas par cette mobilisation ironique des vérités? Toute affirmation, dans les *Pensées*, est le moment d'une dialectique en trois phases, et change de sens selon qu'on la considère en soi ou par rapport à l'affirmation suivante : sur le plan cartésien Pascal dit non aux « puissances trompeuses », au sensualisme vulgaire et à la rhétorique; sur le plan mystique il admet la « machine », revient au préjugé du vide et, dans le Pari, à l'art de persuader; mais il faut savoir que la coutume et l'imagination elles-mêmes n'aboutissent plus au lâche conformisme, mais à la prière chrétienne. Ainsi rien n'est évident, univoque et absolument simple : l'homme, comme Dieu, est *absconditus*, à la fois âme et corps, ange et bête, moyen entre deux infinis, également éloigné de l'alpha et de l'oméga. Car tout est entre les deux. Par exemple, les puissances trompeuses ne nous trompent pas toujours, comme, inversement, les marques du christianisme ne sont pas incontestables : c'est la raison d'être de la foi et du médiateur. Pascal exalte la pensée et humilie la raison, renvoie dos à dos le désespoir sceptique et l'orgueil stoïcien, mise enfin sur une grâce qui, toujours possible, quoique jamais certaine, nous entretient jusqu'à la mort dans l'ambiguïté de notre élection. La duplicité de l'ironiste répond à la nature mixte de l'homme. — Et de même : ne prenons pas à la lettre la vie bourgeoise de Cézanne et les manies calligraphiques d'Erik Satie — car c'est nous qui serions dupes! Ce n'est pas pour rien que Satie fut, dans son *Socrate*, le commentateur musical du discours d'Alcibiade. L'ironie, nature composée, s'installe dans l'erreur, non pas pour la comprendre, mais pour la perdre. « Il est solide en tout point », comme dit Kierkegaard [1] du cheva-

1. *Crainte et tremblement*, trad. Tisseau, p. 52-58.

lier de la foi. « Il est à ce qu'il fait... Il célèbre le dimanche, il va à l'église. » Mais regardons attentivement ce personnage terre à terre en qui tout est prose, quotidienneté et adhérence au monde : dans un pli de la bouche, un sourire mélancolique ou inexprimablement lointain, nous ne tarderons pas à surprendre la signature de l'infini, le sel de l'ironie.

Au conformisme ironique, opposons l'extrémisme conformiste qui est son contraire; à l'esprit révolutionnaire de Socrate, le bluff de Calliclès. Car le paradoxe qui fait profession de paradoxologie n'est plus philosophie, mais philodoxie. Contrarier systématiquement l'opinion, n'est-ce pas encore une opinion et de toutes la plus conformiste? Le paralogisme professionnel n'est-il pas la fine fleur de l'esprit philistin? Le vrai Davidsbündler, le ligueur de David, ce n'est pas Calliclès, c'est Socrate. Non que Socrate ait peur du scandale; il dit : mieux vaut subir l'injustice que la commettre, la vie est une mort et la mort est une vie, etc. Mais il ne choque jamais pour le seul plaisir de choquer. Tandis que l'ironie véritable progresse, à travers l'antithèse, vers une synthèse supérieure, l'extrémisme conformiste, opérant avec des antithèses mécaniques et toutes superficielles, revient au point de départ, c'est-à-dire à la thèse pure et simple. L'extrémisme conformiste, c'est le *statu quo*. On le confond souvent avec le cynisme parce qu'il a, du cynisme, le pathos et le ton provocant; mais c'est un cynisme périphérique, et qui ne désespère pas sincèrement. Il faut être conformiste dans les petites choses et insurgé dans les grandes; mais les polissons dont nous parlons font tout le contraire : conformistes dans les grandes, insurgés dans les petites, ils deviennent, tous ces fauves, incurablement timides, dès qu'il s'agit de choses essentielles, et ils disent oui à l'occupant, oui à la trahison, aux préjugés, à toutes les injustices sociales. Il ne suffit pas, pour être outlaw, de porter un gilet rouge et de scandaliser les bourgeois. Comme l'esprit de contradiction n'est qu'une des formes de l'imitation, ainsi les grands gestes insurrectionnels dissimulent souvent les plus basses flagorneries, celles des inciviques et des capitulards. Ils ont beau trépigner, grimacer, jeter des bombes, ils n'arrivent pas à se délivrer de l'académisme; c'est que la révolution véritable n'est pas dans les violences de détail, dans les outrances verbales ou les blousons de cuir, mais dans la conversion profonde d'une volonté qui se refuse à l'ordre traditionnel; de la rupture intime et centrale à la rupture partielle il y a toute la distance qui sépare l'innovation et la simple excentricité. Cette confusion pèse fâcheusement sur certains aspects de l'extrémisme romantique; on ne sait pas suffisamment, à cette époque, qu'il est très possible de vivre en bohème et de sentir en pompier, et que le scandale n'est pas sincère tant qu'il n'est pas voulu avec l'âme tout entière. Il n'en est pas de meilleur exemple que la personnalité même de Frédéric Schlegel, le faux ironiste, le Socrate des brasseries. *Lucinde* formule un certain nombre de thèses sensationnelles ou saugrenues, telles que la réhabilitation de la chair, la divine paresse, etc. Or, sait-on à quoi aboutit tout ce tapage? Tout ce tapage aboutit à la conversion de 1808 qui fait de Schlegel le champion du trône et de l'autel et le défenseur de ces mêmes philistins contre lesquels Schumann avait fondé la ligue fantaisiste des « Davidsbündler ». Les morceaux de bravoure les plus connus du comte Joseph de Maistre, en particulier les brillants paradoxes des *Soirées de Saint-Pétersbourg*, sur le bourreau et sur la guerre, ne s'expliquent-ils pas, tout comme le gilet de Théophile Gautier, par le désir de choquer les béotiens? Toute cette rhétorique, tous ces jeux d'esprit ne sont-ils pas finalement destinés à justifier un éclectisme de salon sans force et sans couleur? Que de bluff, et pour en arriver où? La « boutade » de ces romantiques, faisant saillie sur un fond de syncrétisme ou de conformisme invétérés, demeure une utopie à fleur de peau, une gentillesse de langage. Le véritable conformisme ironique pratique au contraire, comme dit Montaigne, la « reverence des loix », pour miner les lois, ou bien admet, à la manière de Descartes, un certain ordre politique qu'il affecte de respecter. Ils ne pullulent pas, les créateurs qui savent ainsi détruire les conventions par le dedans, sans manifestes éloquents ni formules incendiaires; qui savent « vivre en bourgeois et sentir en demi-dieux ». Nous rencontrerons souvent ici le nom de Gabriel Fauré, musicien d'avant-garde, chez qui les apparences sont sauves mais cachent un non-conformisme ésotérique. On pourrait s'y tromper en écoutant cette musique apparemment traditionnelle et qui semble fuir les outrances. Fauré parle, dirait-on, le doux et mélodieux langage de Gounod. Son discours, qu'on prend rarement en flagrant délit de solécisme, est pourtant en contravention chronique avec la légalité des conservatoires. Il s'en faut généralement de presque rien, un demi-ton en deçà, un demi-ton au delà... Mais ce rien suffit : la musique fait admettre, sous le miel des consonances superficielles, les plus audacieuses aberrations; derrière l'enveloppe harmonieuse on devine une profonde métamorphose d'où sortira la pure musique de *Pénélope*. Ainsi au lieu que les terroristes de salon ne guérissent que les symptômes du scandale, l'ironiste, rusé comme un chat, espionne les maximes vulgaires et les détruit sans quitter le masque de la légalité. Au lieu que les polissons de l'extrémisme se déclarent absolutistes par dédain de la nuance, le cynique veut être grossier par amour de la nuance. Au lieu que l'extrémisme veut la fin sans les moyens ou immédiatement, c'est-à-dire veut d'une volonté velléitaire, qui peut être une mauvaise volonté, le conformisme ironique veut la fin à travers des moyens qui semblent la démentir; il veut donc sérieusement et passionnément.

L'ironie aura raison. Soit par son conformisme trompeur, soit par le cynisme, soit tout simplement en laissant le scandale se ridiculiser lui-même, l'ironie, c'est-à-dire la « charge », doit être tenue pour la médicamentation spécifique du scandale. L'ironie, qui est oblique, est finalement pour la droiture; elle veut que le scandale larvé se déclare avec franchise; que l'inconscient devienne conscient; elle concentre l'absurdité pour que celle-ci soit pure et vraiment scandaleuse. Ainsi la duplicité de l'ironie ne serait pas sans la duplicité du scandale. Ce n'est pas l'ironiste qui a commencé; mais, au contraire, parce qu'il y avait déjà dans les âmes beaucoup de méandres, de réticences et d'énigmes, l'ironie est devenue nécessaire. Le cynisme universel la rendrait inutile, à condition qu'il fût sincère (car l'ironie a toujours prise sur les parades du charlatan); et aussi la douleur, tout au moins la souffrance soufferte, car sur cette pure douleur l'ironie ne peut rien; la douleur, c'est-à-dire le mal lui-même s'affirmant sans équivoque comme le plus « effectif » des faits, le plus « total » des événements, la douleur n'est-elle pas absolument sérieuse? En général, il y aurait bien un moyen d'enlever aux ironistes toute raison d'être : ce serait que chacun consentît à être soi, les bons pour se réaliser et pour s'approfondir, les méchants pour crucifier leur propre méchanceté, et les désespérés pour mourir de désespoir. Mais comme — intérêt ou vanité? — les consciences préfèrent jouer des rôles, l'ironiste circule parmi elles et joue le rôle de leurs rôles; il décide d'être faussement hypocrite pour que le vrai hypocrite redevienne loyal; il renchérit donc sur l'hypocrisie et se joue de son jeu. En réalité, c'est l'hypocrite du premier degré qui a donné l'exemple; il ne faut pas s'étonner — l'intelligence pouvant se dédoubler à l'infini — si cette première ruse en suscite une seconde qui berne la première; car un malin trouve toujours plus malin que soi. Le mensonge une fois né détermine un foisonnement de mensonges secondaires et composés qui le « démentent », comme dans le sophisme d'Épiménide. Ainsi se joue entre ironistes et hypocrites une étonnante partie de cache-cache dans laquelle les consciences fraudeuses rivalisent d'ingéniosité; c'est à qui dupera l'autre; et il n'est pas rare que le fraudeur lui-même, s'embrouillant dans ses attrapes, tourne affolé entre l'apparence et l'être. Lequel de ces deux caméléons aura le dernier mot : l'hypocrite, qui veut être un autre que soi, ou l'ironiste qui parodie l'hypocrite pour le dégoûter de lui-même? L'hypocrite voudrait échapper au scandale dont il se sait porteur, et qui lui fait honte; mais l'ironiste le talonne et démasque à tout moment l'imposture : quelquefois il lui présente simplement un miroir pour qu'il rougisse de son visage mensonger; quelquefois il prononce lui-même, et à haute voix, les fausses paroles de l'hypocrisie, dans l'espoir que celle-ci, en les entendant de la bouche d'un autre, prendra conscience de leur duplicité; l'hypocrite est sans doute une conscience consciente, puisqu'il prend pour objet son propre scandale; mais l'ironiste est encore plus conscient que lui, car la comédie des tartuffes et des simulateurs, il se l'offre à son tour en spectacle. A menteur, menteur et demi : toute conscience rusée rencontre un jour hors de soi une ruse plus consciente qui l'épiait à son insu; toute conscience, si déliée soit-elle, peut devenir inconsciente par rapport à une surconscience. Donc tel est pris qui croyait prendre, et les joueurs qui jouaient les naïfs sont déjoués à leur tour par les ironistes. L'ironie, d'autre part, est bien plus libre que les fragiles et transparents mensonges de l'hypocrite, car, bien que ce dernier ait honte de lui-même et garde ainsi la nostalgie de la vertu, il ne sait pas que son cabotinage le trahit. Il arrive bien que l'ironie, par une mise en scène discrète, force imperceptiblement la grossièreté de l'hypocrisie en exagérant ses inflexions de voix et ses faux airs contrits : dans tous les cas l'hypocrisie en est réduite à la défensive; elle a beau se cacher, se boucher les oreilles, s'enfouir sous les camouflages les plus savants..., on la reconnaît toujours; personne n'est dupe de ses pseudonymes, et la moquerie de l'ironiste ne cesse de la poursuivre comme un vivant remords. L'ironie est la mauvaise conscience de l'hypocrisie. Comprenons bien que l'intérêt le plus évident du scandale est de rester camouflé et d'entretenir une équivoque dont il est le seul bénéficiaire : la guerre, par exemple, ne demande qu'à devenir juridique pour constituer, comme la paix, un certain ordre naturel; et le plus mauvais tour qu'on puisse lui jouer, c'est de lui refuser, au contraire, cette légalité dérisoire dont elle s'accommoderait si bien, c'est de la vouloir inhumaine, absurde et anormale, comme elle doit être; il ne faut pas que l'hypocrisie du « droit des gens », en la rendant supportable et presque sociable, nous crée un *modus vivendi* avec ce scandale. Qu'elle soit horrible, puisqu'elle est, et qu'elle s'extermine elle-même! Heureusement la lucide ironie ne s'en laisse pas accroire; et les bonnes âmes malfaisantes ne seront pas tranquilles tant qu'il y aura des ironistes pour crier à tue-tête leur vrai nom et pour dénoncer leurs nobles rôles, leurs postiches, leurs momeries et leur rhétorique en carton. Que l'ironie est donc indiscrète! On ne peut même plus s'enrichir vertueusement, sans qu'elle vous épie... C'est elle qui, chez La Rochefoucauld, déjoue le jeu altruiste de l'égoïsme; elle qui publie en majuscules, pour que tout le monde s'en rie, les coalitions malhonnêtes de la justice et de l'avidité. L'ironie est séparation; elle montre que la duplicité est bien double, que l'équivoque est bien équivoque; or elle est spécialiste en amphibolie, elle qui est double comme le mensonge lui-même (car la duplicité prête le flanc à la duplicité); elle veut que tout soit aigu, distinct et univoque; elle a accepté d'être ambiguë elle-même pour déranger la fausse paix des faux ménages, pour dissocier les troubles compromis; partout où elle passe, s'éveillent la honte, le cynisme et la conscience; elle doute que les contraires puissent cohabiter longtemps sans se savoir contraires, et elle sépare, par une espèce de catalyse, les bâtards monstrueusement associés par la philosophie analogique. Plutôt le schisme que l'équivoque. Plutôt la douleur que la maladie. L'ironie est de nature « critique », comme la philosophie de Descartes, de Kant et de Bergson; mais c'est une crise morale, et qui nous sert à discerner le juste et l'injuste, l'injuste scandale et la justice spécieuse dont nous affublons l'injustice. Le marxisme, par exemple, dénonce les superstructures idéologiques, les sublimations et mystifications qui maquillent abusivement les intérêts économiques; la psychanalyse dissocie la « libido » — qui a tout intérêt à se laisser refouler — et la censure pudibonde qui la réprime; le naturalisme de Schopenhauer nous dévoile, habilement dissimulés dans l'amour sexuel, les desseins de l'espèce, l'habileté de la nature à nous dorer la pilule et à transformer la corvée en plaisir...; l'évolution enfin découvre la « substitution des motifs », le transfert frauduleux qui met le désintéressement lui-même au service des intérêts et qui veut sanctifier des institutions égoïstes. Ainsi s'analysent spontanément l'économique et le moral, le personnage et la personne; les consciences démasquées font retour sur elles-mêmes. L'ironie prend donc pour matière les inépuisables mensonges du moi et de la société; mais elle est plus variée encore que ces mensonges, plus intelligente et plus vive. Créature protéenne, elle n'a qu'à paraître pour que le scandale quitte ses déguisements. Elle ne le force pas; mais comme il ne peut être ni absolument bon ni absolument mauvais, elle a, en déjouant les espérances impures, fait éclater aussi le néant du désespoir.

Pourtant l'ironie ne détruit-elle pas aussi beaucoup d'illusions précieuses et consolantes? N'y a-t-il pas dans son inclination analytique une grave menace de dégénérescence? Nous l'avons vue, simulatrice et fraudeuse, formant société avec le scandale pour le mettre hors d'état de nuire. Nous l'avons retrouvée conformiste, allusive et réticente parmi les bruyants et les bavards. Mais patience! Rira bien qui rira le dernier — et les bluffeurs ne perdent rien pour attendre... La voici enfin, cette ironie méchante, qui scintille comme le diamant et pétille comme le champagne; elle est aussi dure que lucide, et elle nous laisse seuls, ainsi que le pauvre Quichotte dans un monde sans chimères. Tout est perdu, tout est sauvé! comme dit Pelléas au quatrième acte en parlant de ses amours coupables. Or rien n'était sauvé. Et s'il en était de même de l'inversion ironique? Si par hasard la conscience n'arrivait pas à rebondir sur le scandale? Si elle y enfonçait ou si elle y prenait goût? Et si elle s'écrasait au sol, pitoyable acrobate?

Arrière, illusion! crient au spectre les amis de Hamlet, cependant que le coq, le clairon de l'aurore, sonne la déroute du vieux cauchemar. Pourvu qu'en nous réveillant de notre erreur, l'aube lucide ne nous prive pas de notre espérance!

CHAPITRE III

DES PIÈGES DE L'IRONIE

« Fi donc, l'espiègle! il a embrouillé mon peloton. »
(Modeste Petrovitch MOUSSORGSKI, *Enfantines*, II.)

On ne saurait s'étonner que l'ironie offre certains dangers, tant pour l'ironiste lui-même que pour ses victimes. La manœuvre est risquée, et, comme tout jeu dialectique, elle ne réussit que de justesse : un millimètre en deçà, — et l'ironiste est la risée des hypocrites; un millimètre au delà, — et il se trompe lui-même avec ses propres victimes; faire cause commune avec les loups, c'est de l'acrobatie et qui peut coûter cher à un maladroit. L'ironie, sous peine de naufrage, doit ainsi louvoyer périlleusement entre la Charybde du jeu et la Scylla du sérieux : le premier de ces pièges est le glissement de l'ironique dans le ludique, le deuxième la rechute de l'allégorie en tautégorie naïve; tantôt l'ironie succombe au vertige de l'ambiguïté, et le va-et-vient entre gramma et pneuma achève de l'affoler; tantôt elle adhère à la littéralité grammatique en se désistant de l'équivoque par un choix univoque. D'autre part, à quoi nous sert un pareil tour de force? A nous délivrer, dit-on, de nos illusions... Mais nos illusions sont-elles si funestes qu'il faille, pour les détruire, grimper sur ce trapèze volant? L'illusion est comme le bon sens : un peu de lucidité en éloigne, beaucoup y ramène. Et, d'ailleurs, en nous délivrant de nos paniques, ne nous privera-t-on pas de toute consolation? Nous serons comme des cardiaques à qui toutes les émotions fortes sont interdites — non seulement celles qui bouleversent la vie, mais celles qui la rendent passionnante. Tels sont les deux principaux griefs dont nous allons avoir à justifier l'ironie.

1. Confusion.

D'abord, on la dit incohérente; et cela n'est pas faux, car elle a les inconvénients de ses avantages et la gaucherie de sa virtuosité. Son opération fondamentale, nous l'appelions Universio. Elle est, disions-nous, ce qu'elle n'est pas, et elle n'est pas ce qu'elle est; elle est une autre que soi, toujours un peu plus ou un peu moins : elle veut et ne veut pas, on ne sait jamais exactement. Mais, au fait, le sait-elle elle-même? Montrons que si les hypocrites y perdent leur latin, l'ironiste, à son tour, devient une énigme pour lui-même; et que l'ironie est un péril pour le sujet avant d'être une injustice pour l'objet.

L'ironie, nous le savons, est une pseudégorie. Elle est ainsi faite qu'on ne peut lui décerner un prédicat sans que le prédicat opposé revendique aussitôt l'honneur de lui convenir. Par exemple, dirons-nous qu'elle est plutôt sociable ou plutôt solitaire? C'est selon, et les deux peuvent se dire : tout dépend de l'application qu'elle apporte à jouer le jeu conformiste. L'ironiste joue sérieusement, *severe ludit*, mais tantôt l'accent est sur *severe*, tantôt sur *ludit*. Incontestablement il y a une ironie sociale qui est faite de railleuse urbanité et dont la sanction est le rire, « brimade sociale » : c'est l'ironie des grands classiques de l'ironie, Socrate, Voltaire, et du dix-huitième siècle en général. Mais il en est une autre qui n'a pas envie de rire et qui exalte, au contraire, la solitude du moi : celle-là est lyrique et romantique. « Comment s'habillera la gravité si la plaisanterie se promène en voiles noirs? » demande Florestan en écoutant les quatre *Scherzos* de Chopin, tout incendiés de flammes pourpres. Au temps de *René*, d'*Obermann* et de *Werther*, l'ironiste, de préférence génial, veut être incompris, méconnu, et se refuse violemment à son milieu. C'est le temps où François Liszt écrit ses *Rhapsodies* à la gloire du peuple tzigane, le peuple insociable, vagabond, celui que rejettent toutes les nations policées et qui vomit à son tour l'existence bourgeoise; l'ironie romantique, comme ces nomades, habite dans une roulotte, en marge des civilisations sédentaires, et elle appelle sur soi la malédiction du siècle; elle veut être damnée. Schelling, décrivant le « sabisme » [1], ne fait-il pas penser à cette épopée des bohémiens que Liszt mettra en musique? On opposera peut-être [2] une certaine sociabilité universaliste, de tradition française, allant au nivellement des idées et du style, et l'humour anglo-germanique, qui représente plutôt l'irréductible particularité, la protestation de la personne revendiquant son *habeas corpus* contre une raison communautaire; tandis que l'ironie intellectuelle s'encastre aisément dans les conventions de la civilité, l'humour, bizarre et lunatique, rendrait plutôt hommage à la spontanéité irrationnelle du caractère. L'humour, c'est-à-dire l'« humeur », n'est-il pas le caprice, l'illogisme et l'individualité en révolte contre les lois? C'est que l'accent est tantôt sur la solitude, tantôt sur la sympathie qui est au terme de toute conscience lucide et tolérante.

L'ironie, d'autre part, est-elle plutôt comique ou plutôt tragique [3]? Nous voyons bien qu'elle s'oppose au comique indiscret, cordial et plébéien, et que les grands ironistes, en général, n'ont pas écrit de comédies; entre la traîtrise de l'ironie et la franchise du rire il n'y a guère d'accord possible. Elle fait rire sans avoir envie de rire, et elle plaisante froidement sans s'amuser; elle est moqueuse, mais sombre. Ou mieux : elle déclenche le rire, pour immédiatement le figer. Et la raison de cela est qu'il y a en elle quelque chose de contourné,

1. *Philosophie der Mythologie*, 9e leçon.
2. F. Baldensperger, *Études d'histoire littéraire : les définitions de l'humour* (Paris, 1907), p. 176-222.
3. Novalis, éd. Minor, t. II, p. 253, 296; III, p. 4, 300.

d'indirect et de glaçant où l'on pressent la profondeur inquiétante de la conscience : aussi la gaieté a-t-elle tôt fait de se changer en malaise et en tension. L'ironie regarde ailleurs. Et le rire, au contraire, ne regarde pas ailleurs ni ne simule rien, mais justement il rit, semblable à ce rire d'or qui roule comme le tonnerre dans la *Joyeuse Marche* de Chabrier ou l'*Eritaña* d'Albeniz, et dont la joie est toute la métaphysique. Rien de pincé, rien de constipé, rien d'allusif. Le rire, sauf dans les comédies moralisatrices, n'a ni intentions ni arrière-pensées, et s'il est finalement édifiant, c'est par sa seule opération exhilarante, et non par une expresse volonté de prêcher et de polémiquer; ses railleries ne se découpent pas toujours, comme celles de l'ironie, sur la toile du fond du sérieux, de la conscience sévère, profonde et méchante. Le rire est une déflagration, c'est-à-dire un premier mouvement spontané, tandis que l'ironie, rire à retardement et aussi rire naissant, vite étranglé, est un second mouvement réflexif — *motus secundus*. Claude Debussy, Ravel et Satie, princes de l'humour, sont corrosifs et parfois cinglants, et leurs charges sous-entendent toute une esthétique; mais Chabrier et Albeniz sont gais, et la *Pastorale des cochons roses* n'a pas d'ambitions anagogiques. — Pourtant si l'ironie n'est guère disposée à rire, elle a encore moins envie de pleurer, comique et ironique ayant en commun la « distance », distance du moi aux objets et distance d'objet à objet; l'ironie morcelle la tragédie destinale, qui devient ainsi un vaudeville. — Faut-il penser que l'ironie est, à mi-chemin du comique et du tragique, le point d'indifférence à partir duquel le rire se tait sans que les larmes aient encore jailli? Quelque chose comme la zone étale et moyenne du sourire? Voilà une transcription scalaire et simpliste applicable aux grandeurs, mais non à la qualité; aux températures sur les thermomètres, non aux intentions. Ce point-zéro, ce point d'équidistance entre le positif et le négatif, on a montré qu'il ne désigne même pas le Sérieux! En réalité l'ironie n'est pas *neutrum*, mais *utrumque* : elle n'est pas « neutre », mais littéralement tragi-comique; l'unet-l'autre plutôt que ni-l'un-ni-l'autre... L'idée de la farce tragique ou de la tragédie-bouffe n'est pas seulement une idée romantique [1] ! Comme cet hybride d'Ésope dont parle le *Phédon* [2] et en qui plaisir et douleur apparaissent jumelés, l'ironie transcende la disjonction des catégories et en consacre la relativité. Toutefois il y a plusieurs manières d'entendre cette victoire sur le tiers-exclu, selon que les contraires se succèdent, ou apparaissent ensemble dans le contraste criant de leur simultanéité, ou se résorbent dans l'au-delà d'une synthèse conciliatrice. Tels sont les trois cas de l'Alternance, de l'Antithèse et de l'Indivision. Le premier est aussi celui de l'« ambivalence », — car c'est elle en somme, sous le nom d'« inconstance », que décrivent Montaigne, Charron et Pascal [3] quand ils nous montrent l'homme oscillant entre le rire et le pleurer, hésitant entre Apollon et Dionysos. Simmias, dans le *Phédon*, rit des paradoxes de Socrate, et pourtant la mort prochaine du sage le ferait plutôt pleurer ! Tous les disciples, et notamment Apollodore, tantôt pleurant, tantôt riant (τοτὲ μὲν γελῶντες, ἐνίοτε δὲ δακρύοντες) finissent par éprouver cette crase inouïe, cette syncrasie bizarre (ἀήθης κρᾶσις) qui est selon le *Banquet* l'au-delà tragi-comique du rire et des larmes. C'est l'humeur instable, la cyclothymie capricieuse et lunatique que les musiciens romantiques appellent Humoresque [4] et qui règne dans les *Fantasiestücke* de Schumann, dans le dualisme de la deuxième *Ballade* en *fa* majeur-*la* mineur de Frédéric Chopin. Le Pierrot du *Carnaval* de Schumann éprouve le violent contraste du *forte-piano*. A son tour le contraste de Pierrot et d'Arlequin, du rêveur Eusebius et de Florestan le passionné, n'exprime-t-il pas la même

1. Hermann COHEN, *Ethik des reinen Willens*, p. 461. Cf. B. GRACIAN, *Criticon*, I, 7. KIERKEGAARD, *Coupable? non Couable?* Trad. P.-H. Tisseau, p. 235 suiv.

2. 60 *c*. Cf. 59 *a*, 64 *b*. Et la fin du *Banquet*.

3. MONTAIGNE, *Essais*, I, 38 (« Comme nous pleurons et rions d'une même chose »); Pierre CHARRON, *De la Sagesse*, I, 38 (« faiblesse »), 39 (« Inconstance »); PASCAL, II, fr. 112.

4. Balakirev, Liapounov, Liadov, Skriabine.

polarité carnavalesque? « In all' und jeder Zeit Verknüpft sich Lust und Leid », dit l'épigraphe des *Davidsbündlertänze*. La conscience oscillante ne peut se décider ni se fixer; elle est, comme Gilles, triste et moqueuse, « freudvoll und leidvoll [1] », gaie et mélancolique, très capiteuse et très froide, semblable, selon Henri Heine, à un champagne glacé où s'unissent deux climats contraires. Aujourd'hui, écrit Schumann au moment où il compose l'*Humoresque*, j'étais devant mon piano et j'ai ri et sangloté comme un enfant... Et Debussy parle presque dans les mêmes termes de sa *Sonate* pour flûte, alto et harpe : « ... je ne sais pas si l'on doit en rire ou en pleurer. Peut-être les deux? » Dans les *Sarcasmes* de Prokofiev, les deux climats alternent brutalement [2]. De là les folles incohérences, les lubies de cet humour tragi-comique et « comitragique ». C'est ainsi que Gogol sourit derrière ses larmes, comme le soleil qui brille à travers la pluie; l'ironie humoresque pleure sur ses propres joies; elle est, selon la parole d'Eichendorff, « jovialité désespérée ». Ce confusionnisme de l'ironie n'est pas la spécialité exclusive de *Lucinde* : car on le retrouve chez François Liszt, brouillant le mode majeur et le mode mineur dans le vertige du chromatisme, et jusque chez Fantasio l'humoresque : « ... Qui pourra me dire au juste si je suis... triste ou gai [3]? » En Petchorine, le « héros de notre temps » de Michel Lermontov, la muse de la plaisanterie sérieuse aboutit ainsi à l'universelle indifférence. — L'Antithèse est en quelque manière la « limite » hyperbolique d'une Alternance où les contraires successifs sont devenus simultanés. Le manichéisme romantique a joué de serrer au maximum-proximum, et jusqu'à la tension la plus aiguë, le contraste déflagrant des opposés; il expérimente, le cœur battant, la périlleuse et dérisoire confrontation : il retourne au chaos nocturne que le classicisme des idées distinctes avait surmonté! L'Antithèse est une

1. Liszt, *Mélodies*, I, 4.
2. *Op*. 17, surtout le n° 5.
3. Cf. Nietzsche, *Le Voyageur et son ombre*, aph. 338.

ambivalence immobilisée dans l'extrême paradoxe de la contemporanéité. M. Schaerer compare l'ironie au clair-obscur, qui est jeu de l'ombre et de la lumière [1]; qui est effet de relief et de ronde bosse. Au delà de l'alternance qui secoue rudement les nerfs en ballottant nos sens de surprise en surprise et de déception en déception, l'ironie d'antithèse mélange sucre et sel, égaie et attriste *en même temps: uno eodemque tempore;* ou si l'on préfère d'autres images : le chaud et le froid ne sont ni administrés « tour à tour », comme dans la douche écossaise, ni synthétisés dans la qualité simple de tiédeur, mais juxtaposés dans l'irréconciliation brute, hurlante, irrémédiable de leur antipathie. Le contraste du deuil et de la fête, du malheur et du bal [2] ou, comme dans un tableau de Pierre Bruegel l'aîné, le conflit de Carnaval et de Carême [3] — voilà un des thèmes favoris du Sensationnel romantique, voilà, en sa polyphonie incurablement discordante, la « symphonie fantastique » de la Contradiction. Le masque sinistre de l' « homme qui rit » en a pour ainsi dire fixé l'ironie dans son rictus, qui n'est point rire sans mélange, mais grimace statique et très amère; insoluble dissonance. La musique joue avec les mêmes explosifs que le roman : le bouffon transcendantal « beugle un *De profundis* sur l'air du *Tradéri* [4] »; la « danse macabre [5] » qui contrepointe les notes lugubres du *Dies irae* à la gaieté diabolique de quelque « méphisto-valse », est à sa manière position du négatif et négation du positif. L'amour et la mort, l'épithalame et le chant funèbre [6], les cloches nuptiales et celles du glas se mêlent pour la plus affolante des rondes. — Mais c'est qu'au delà de l'alternative

1. *Art. cit.*, p. 208.
2. Berlioz, Vigny.
3. Zdenko Fibich, *Malirské Studie*, *op.* 56, I, 2 : *Spor masopustu s postem.*
4. Verlaine.
5. Liszt, *Danse macabre*; et aussi *Méphisto-valse*; *Faust-symphonie*, III (« Méphistophélès »).
6. Maurice Boucher, in *Cahiers du Sud*, 1937, p. 32 (numéro spécial, *Le Romantisme allemand*).

Humour-Sérieux les Romantiques ont visé une région métaphysique qui serait celle de la *coincidentia oppositorum*. Appelons *Burla* cet au-delà de la fission. Déjà la dialectique de Socrate, à la fin du *Banquet*, semble bien dépasser l'opposition de la tragédie et de la comédie, c'est-à-dire les points de vue unilatéraux d'Agathon et d'Aristophane, dans une synopse supérieure qui subalternise toutes les disjonctions empiriques [1]. Pour les Romantiques, l'Absolu *a priori* de la contradiction résorbée précède la dichotomie du comique et du tragique autant que l'androgyne précède la fission des sexes, autant que l'innocence avant le péché précède le schisme du bien et du mal. Dans leurs émotions mêmes les Romantiques ont retrouvé cet au-delà de la scission malheureuse, et surmonté en quelque mesure la malédiction du choix : ils brassent ensemble les catégories que le rationalisme classique avait disjointes. Une émotion romantique est naturellement envahissante, synthétique, impérialiste. Elle est plus qu'elle-même ; l'amour, par exemple, est panthéiste et cosmique ; la religiosité est érotique et sensuelle ; l'art est une religion, et la morale un art... ; la joie, à son tour, juge bon de paraître soucieuse, amère et pathétique. De là les complications métaphysiques dans lesquelles Solger enveloppe l'ambiguïté de l'ironie : elle est tragédie parce qu'elle anéantit l'Idée en l'incarnant dans le fini ; et elle est, d'autre part, enthousiasme, parce qu'elle affirme et révèle l'Idée en consumant notre finitude. L'ironie est donc au delà du pessimisme et de l'optimisme, comme au delà du plaisir et de la douleur ; ainsi que Henri Heine dans l'*Intermezzo lyrique*, elle désespère avec humour et badine amèrement sur sa propre détresse. *Je suis heureuse, mais je suis triste*, dit Mélisande au quatrième acte. Dans *Princesse Brambilla* Hoffmann oppose au pathos tragique de l'abbé Chiari l'humour du vieux signor Ciarlatano, c'est-à-dire l'association de la tragédie et de la farce. Les Romantiques, Schelling en tête, et aussi Tieck dans son *Zerbino*, ont passion-

1. SCHAERER, *art. cit.*

nément recherché cet au-delà du comique et du tragique, ce chaos indifférencié — « Ungrund », « Sagesse » ou « Identité absolue » — qui est en quelque sorte la matrice des claires différences. Pour Nietzsche comme pour Schelling, Dionysos unit en lui-même la douleur et l'allégresse : à la fois triomphant et lacéré, vainqueur et vaincu, le dieu ivre meurt et cependant exulte; il est pantelant et dansant. On sait la prédilection des Romantiques pour Shakespeare, pour Cervantès; pour tous ceux qui entretiennent l'imagination dans l'ambiguïté du sublime et de la clownerie.

> ... Very tragical mirth!
> Merry and tragical! tedious and brief!
> That is, hot ice and wondrous strange snow.
> How shall we find the concord of this discord [1]?

Le héros shakespearien, « with mirth in funeral, in equal scale weighing delight and dole », incarna cette unité originelle du comique et du tragique. Les Romantiques remarquent qu'après leurs trilogies les Grecs représentaient un drame satirique; que, le jour du triomphe, les soldats romains recevaient la permission de railler le triomphateur. Toutefois le destin du héros antique n'est pas d'être heureux et malheureux *en même temps* : l'adversité succède au bonheur, et le bonheur à l'adversité. La Burla musicale, elle, affirme, non pas l'alternance, mais l'*indivision originelle :* sarcasme et fantasme font ricaner tragiquement l'opus 56 de Skriabine. Un cothurne au pied gauche et un socque au pied droit, contradictoire, baroque et bizarre, l'ironie enveloppe de musique et de brume les clairs paysages de la raison.

Le confusionnisme ironique, il est visible encore dans le jeu de mots, ce « frère aîné de la rime », comme l'appelle Jean-Paul. L'ironie joue avec les mots comme les princesses de *L'Oiseau de Feu* avec les pommes d'or, déformant capricieusement leur sens, liant le distinct, séparant l'identique; elle exploite en virtuose les

1. *Songe d'une nuit d'été*, V, 1. Cf. *Hamlet*, I, 2 (vers 12, 13).

malentendus de la paronymie et se cache, pour y forger ses calembours, dans l'ombre propice des homonymes. « Witz, bondissant à chaque virgule, fait alterner fusées, carillons et boiseries [1]. » « Witz », c'est-à-dire le bon mot et le clin d'œil, que Frédéric Schlegel appelle « chimie logique », Novalis « électricité spirituelle » et Jean-Paul « anagramme de la nature », est le pouvoir de découvrir des analogies lointaines, de rendre sensibles, grâce au jeu des assonances et de l'homophonie, les affinités les plus imprévues [2]. Le Bon Mot, c'est la souplesse de l'esprit et l'agilité de l'imagination. Sautant légèrement d'une idée à une autre, et sans se soucier des disjonctions que le classicisme pratique entre ses catégories, le Bon Mot fait se rencontrer les idées amies qui étaient depuis longtemps tenues à l'écart l'une de l'autre; il favorise les attractions mystérieuses, les sympathies et les rapports piquants; escamoteur et tricheur, il passe furtivement du sens figuré au sens propre et de l'esprit à la lettre; il a un talent spécial pour l'amphibologie. Il est comme ce délire de l'imagination combinatoire et tératogonique qui s'amuse, chez Hieronymus Bosch, à accoupler n'importe quoi avec n'importe quoi. Et n'allons pas croire que les Romantiques aient vu dans le jeu de mots un simple trompe-l'œil ou une amusante coïncidence : les découvertes scientifiques laissent apparaître selon Schlegel la même combinatoire qui s'exerce arbitrairement dans le Bon Mot; Shakespeare, leur dieu à tous, ne méprise pas le calembour, et l'on sait par ailleurs comment le sophisme étymologique, de vieille tradition stoïcienne, philonienne et néo-platonique (il remplit déjà le *Cratyle*), trouve audience auprès de Schelling

1. J.-P. Fr. RICHTER, *Vorschule der Aesthetik* (1803), *Werke*, éd. Berend, t. V.

2. Schopenhauer le définit comme « l'aptitude à trouver pour tout objet le concept sous lequel il est pensable » (*Welt als Wille und Vorstellung*, Ergänzungen, z. I, chap. VIII). Cf. B. GRACIAN, *L'Agudeza y Arte de ingenio* (« Traité des pointes », trad. Victor Bouillier).

et de ses contemporains, Baader, Creuzer, Kanne[1]; car le langage a pour eux des puissances magiques. « Tout est calembour ici-bas » — dira Fantasio. Gœthe s'en est pris à toute cette philologie diffluente où il pressentait, avec un sûr instinct, le « Witz » électrique, principe infini des mélanges, avaleur de sabres, agilité trop agile qui accouple les dissemblables et qui efface toutes les limites. On comprend l'aversion des classiques pour ce Pierrot lunaire. L'imagination classique et plastique, l'imagination apollinienne n'a plus de droits sur son œuvre : ce n'est donc pas elle qui humoriserait sur l'objectivité artistique! Le jeu de mots, parce qu'il est, à la lettre, un « jeu », rend au créateur la maîtrise magique du langage; le conte et la poésie, révoquant les créatures mêmes du rêve, ne sont peut-être à cet égard qu'une vaste romantisation du calembour. Comme dans le *Zerbino* de Tieck, l'irréversible est vaincu; le destin est devenu parfaitement souple et maniable, et l'ironiste s'amuse avec les mots comme avec un hochet; il plaisante sur ses indociles progénitures.

L'« alchimie logique », comme elle brasse les mots, brasse dans ses creusets les qualités sensibles; « magisches Farbenspiel in höheren Sphären », dit Novalis, elle cherche, dans sa nostalgie, l'indivision nocturne des sons et des couleurs. Avant Baudelaire et Rimbaud l'ironie romantique pressent la correspondance des qualités; elle vole d'un registre à l'autre et joue sur tous les claviers à la fois. Jean-Paul qui rapproche les parfums et les sons[2], a été très attentif à ces sympathies; et aussi Robert Schumann. Les couleurs elles-mêmes perdent leur substantialité, ce quelque chose d'opaque,

1. SCHELLING, *Werke*, XI, p. 469; XII, p. 353; Fr. SCHLEGEL, dans les fragments du *Lyceum der schönen Künste*, 1797. JEAN-PAUL cite SCHELLING, *op. cit.* Schelling lui-même a raillé ces étymologies : XI, p. 29. Cf. HEGEL, *Vorlesungen über die Aesthetik*, *Werke*, XI, p. 392, et la *Nuit de Walpurgis classique* de Gœthe. GŒTHE s'en prend à l'ironie romantique : *Entretiens avec le chancelier de Müller*, 6 juin 1824 (trad. Albert Béguin, p. 164, 165, 166).

2. *Op. cit.*, 9. Programm.

de spécifique et d'absolu qu'elles avaient encore dans la classique *Farbenlehre* de Gœthe; fusibles et transparentes comme des âmes, elles renoncent, dans leur diffluence infinie, au quant-à-soi des couleurs du prisme; elles tourbillonnent à perdre haleine, deviennent vapeur, brouillard et fantasmagorie jusqu'au moment où leurs teintes légères se résorbent dans la nuit propice; au grand jour revenu la féerie s'étourdit follement pour reconstituer en plein soleil les enchantements de l'ombre; elle se grise de cette imagerie kaléidoscopique, de cet iconisme qui est à la fois thaumaturgie et idologie... De là la prédilection de tous ces humoristes pour la musique, qui est, de tous les arts, le plus dionysien, le plus nocturne, le plus propice à la confusion des qualités : « Keine Farbe ist so romantisch als ein Ton. » C'est là le secret que les solitudes alpestres de la Suisse ont révélé à Sénancour [1], qu'une chaude nuit d'été a appris à Mendelssohn, dans le silence des grands bois. « Les sons et les parfums tournent dans l'air du soir », et toutes nos sensations chavirent, emportées par le vertige langoureux de l'humour. — Comme la musique, brouillant les qualités, refait ce mélange infini d'Anaxagore que le Νοῦς a défait, ainsi l'Éros romantique retourne au chaos amoureux; par delà la disjonction des sexes, qui est pour ainsi dire le péché originel de la conscience, on rêve d'une unité érotique où seraient confondus Hermès et Aphrodite, le masculin et le féminin; cette unité — l'« androgyne » du *Banquet* — s'exprime pour les romantiques dans le mythe de Penthésilée, l'Amazone [2]; Schlegel, tout au long de sa *Lucinde*, poursuit la chimère d'une « union libre » qui serait, comme le Bon Mot, synthèse des contradictoires. Éros, d'autre part, procède à la fois de l'âme et du corps; aussi spirituel que sensuel, il réconcilie ce que le dualisme cartésien avait dédoublé; il résorbe dans ses noc-

1. *Obermann*, cité par Liszt dans *Les Années de pèlerinage*, 1re année.

2. Fritz STRICH, *Deutsche Klassik und Romantik, oder Vollendung und Unendlichkeit*, 3e éd. (Munich, 1928), p. 63.

turnes la dernière idée claire et distincte. Frédéric Schlegel, comme chez nous Fourier et Enfantin, annonce la « réhabilitation de la chair » et module sans effort de l'idée à la matière, de l'esprit à la nature, de l'intelligible au sensible. Ainsi s'expliquent sans doute la mystique de la femme chez Novalis, le foisonnement entre corps et âme de ces facultés intermédiaires qu'ils appellent « Gemüth », imagination, fantaisie...

Ainsi donc l'ironie qui pensait, en jouant le jeu d'autrui, désagréger les troubles compromis de l'hypocrite, l'ironie à son tour mélange les incompatibles : sociable et individuelle, comique et tragique, télescopant l'un contre l'autre les mots et les qualités hétérogènes, tout ensemble masculine et féminine, l'ironie réalise vraiment la « coïncidence des opposés »; comme la musique romantique confond Nocturne, Ballade, Impromptu, Prélude et Scherzo dans le chaos de la Fantaisie, ainsi l'art romantique confond tous les genres — drame, roman, épopée, lyrisme (car chaque genre est tous les genres) — et fusionne à son tour avec la religion et la philosophie : sa fin est la « beauté logique » où se trouvent assorties, pêle-mêle, la pensée et l'action, la liberté et la nécessité, le conscient et l'inconscient. Dans l'espace gœthéen, Robert Schumann lâche les figures bariolées de sa mascarade : Arlequin cynique et multicolore, Pierrot pâle comme la lune, Eusebius et Florestan, Pantalon et Colombine, et les Lettres dansantes qui dansent à l'endroit et à l'envers, et puis Chopin avec ses arpèges languides, entre Estrella et Chiarina ; Paganini enfin qui est le démon de la virtuosité, c'est-à-dire de l'humour désinvolte bondissant d'un extrême à l'autre. L'intervalle de dixième chez Scarlatti, Cimarosa, Mendelssohn, Liszt est comme un symbole de cette désinvolture. En vérité « tout est pour le mieux dans la meilleure des mi-carême »! Mais voici, presque à la fin de la fête, un *Aveu* passionnel [1] qui est comme une minute de sérieux en pleine mascarade, un regard vrai surpris derrière un masque. D'ailleurs le carnaval n'est-il pas le travesti,

1. A. GRETCHANINOV, *Pensées fugitives*, n° 15.

la modulation qui permet aux hommes, masques et bergamasques d'un après-midi, de s'évader de la quotidienneté sous mille déguisements disparates? Le même devient un autre, créant le quiproquo et l'imbroglio; n'importe quoi devient n'importe quoi, et les plus affolantes, les plus impertinentes métaboles sont permises durant cette parenthèse de folie en plein sérieux qu'on appelle Carnaval... *Paraître un autre* — voilà la source des plus grandes ivresses. Le carnaval, c'est le Capriccio, au double sens de Hoffmann et de Mendelssohn. C'est une concession d'Apollon à Dionysos et du logos au sabbat des ivresses nocturnes. Ainsi rien n'est simple dans l'humour. Höffding l'appelle « ein Gesamtgefühl [1] », et James Sully un « sentiment mixte »; nous disions que c'est une « syncrasie », un Complexe singularisé dans une complexion, et son polymorphisme apparaît déjà dans le lien qui unit les deux idées d'*humeur* et de *tempérament*. Désordre ordonné, similarité des dissemblables, l'ironie apparaît tour à tour très mystique et très prosaïque; Amiel parle volontiers de sa « Doppelgängerei », et Georges Palante ajoute : « La muse des contrastes est donc le vrai musagète de l'ironie [2] » : non pas tant, comme Schopenhauer l'affirme du comique, parce qu'elle suppose l'incompatibilité de l'intuition et du concept abstrait, mais parce qu'elle est elle-même hybride, parce qu'elle hésite, comme le centaure, entre deux formes d'existence; de même que Pascal avait opposé l'obscurité du mystère à l'évidence cartésienne, de même la chimie romantique, science des affinités, oppose aux idées distinctes la divine confusion. Les têtes précises, dit Novalis [3], sont des têtes avares et philistines; c'est dans la confusion que s'élaborera maintenant l'ordre fécond et créateur de la vie. Les antinomies, chez Solger, fondent dans le naufrage des

1. *Humor als Lebensgefühl (der grosse Humor), eine psychologische Studie* (Berlin-Leipzig, 1918), *passim*.
2. *L'Ironie, étude psychologique* (*Revue philosophique*, 1906, I, p. 147-163).
3. Édit. Minor, t. II, p. 122.

contraires, comme l'objet et le sujet sombrent chez Schelling dans les profondeurs abyssales de l'intuition, comme les disjonctions rationnelles fondent chez Tiouttchev dans le ἓν καὶ πᾶν de l'insondable Identité.

> Inconscient, descendez en nous par réflexes;
> Brouillez les cartes, les dictionnaires, les sexes...
> Le semblable, c'est le contraire [1] !

2. Vertige et ennui.

Mais pourquoi l'ironie, qui fut principe de lucidité, de self-contrôle et de détachement super-conscient, s'est-elle mise, chez les Romantiques, à célébrer l'orgie du chaos et la grande bacchanale de la confusion? oui, pourquoi ces saturnales confusionnistes? Dans la conscience-de-conscience en tant qu'elle est raffinement sur soi, frénésie de subtilisation quintessenciée et tentation du dédoublement indéfini, l'ivresse et le vertige bachiques sont déjà donnés... La conscience, compliquant à l'envi ses exposants, titube et perd pied, la vitesse l'affole et la grise chez Weber, chez Mendelssohn et dans les prestissimos du *Carnaval* de Schumann. La giration est comme le symbole de cette ivresse, car elle exprime par sa circularité le mouvement d'une conscience [2] qui retourne sans cesse à son point de départ, c'est-à-dire vers soi, et qui s'étourdit dans cette ronde, et qui se saoule de vertiges en tournant comme une toupie. « Tournez, tournez, bons chevaux de bois! » dira Verlaine. Et Jules Laforgue : « Tournons d'abord sur nous-mêmes comme un fakir! » Et pour finir par la princesse Brambilla, la danseuse-derviche, la folle ballerine [3] : « Tourne, tourne plus fort, tourbillonne sans répit, danse folle et joyeuse. Ah! comme tout vole autour de moi avec la rapidité de l'éclair!... Une série de figures bigarrées pétillent comme les jaillissantes étincelles d'un feu d'artifice et

1. Jules LAFORGUE, *Complainte de lord Pierrot.*
2. DEBUSSY, *Mouvement* (*Images*, 1er cahier).
3. HOFFMANN, *Princesse Brambilla*, chap. VI

disparaissent dans la nuit noire. Le plaisir cherche le plaisir sans pouvoir l'atteindre, et précisément c'est en cela que de nouveau consiste le plaisir. Rien n'est plus ennuyeux que d'être cloué au sol... C'est pourquoi je ne voudrais pas être fleur... Je préférerais être un scarabée d'or qui bourdonne et vrombit autour de vos têtes; si bien que vous ne pouvez plus entendre votre raison. Mais où demeure, en somme, la raison, lorsque l'emporte le tourbillon d'un frénétique plaisir? » Ce vertige n'est pas, comme celui de Renouvier, inhérent à l'instant du passage à l'acte : c'est le vertige d'un mouvement circulaire sans fin... « Le vertige est entré, le vertige circule dans l'air; on respire le vertige; c'est le vertige qui remplit les poumons et renouvelle le sang dans le ventricule [1]. » On entendra bien souvent, chez Bizet et Chabrier, vibrer les triolets de la giration [2]!

Car non seulement on s'y méprend, mais la conscience se méprend sur elle-même. On ne tente pas impunément le scandale : l'ironie joue avec le feu et, en dupant les autres, se dupe quelquefois elle-même. Chacun l'a ressenti : à feindre l'amour, on risque de l'éprouver; qui parodie imprudemment se laisse prendre à sa propre ruse; l'esprit fort n'est plus qu'un pauvre amoureux. « L'on ne peut presque faire semblant d'aimer que l'on ne soit bien près d'être amant [3]... » L'ironie, par l'effet d'un transfert des motifs, tourne à notre dérision! Cette aventure arrive souvent à Debussy, à Ravel, à Gabriel Dupont, à Poulenc quand ils récitent, par dérision, un air sentimental. Liadov, dans ses *Grimaces*, *op.* 64, parodie-t-il Skriabine, ou est-il devenu Skriabine lui-même? Josef Suk, écrivant ses admirables *Ukolebavky*, *op.* 33, parodie-t-il une berceuse sentimentale [4] que l'on fredonne

1. Charles BAUDELAIRE, *Curiosités esthétiques (De l'essence du rire et généralement du comique dans les arts plastiques).*

2. BIZET, *La Toupie*, *op.* 22 (« Jeux d'enfants », nº 2). CHABRIER, *Tourbillon* (« Pièces pittoresques », nº 3). SAINT-SAENS, *Tournoiement* (« Nuit persane », nº 4). PIERNÉ, *Giration.*

3. PASCAL, *Discours sur les passions de l'amour* (Brunschvicg, éd. Minor, p. 136).

4. UKOLEBAVKY, III : *Sentimentalni sebeparodie.*

dans les rues de Prague? L'émotion qui nous trouble dit le contraire! Ravel, paraphrasant la manière de Borodine, est plus sérieux que caricatural... Comment prouver que la charmante valse intitulée la *Plus que lente* est réellement humoristique, et que Debussy ne la prit pas au sérieux? D'abord on parodie, et ensuite on imite très sérieusement ce qu'on parodiait, on finit par ressembler vraiment au rôle que l'on joue! La parodie a décidément bon dos : elle fournit libéralement prétextes et alibis à notre sentimentalité naturelle; elle est elle-même la revanche ironique du Rubato longtemps réprimé.

> Nous fûmes dupes, vous et moi,
> De manigances mutuelles,
> . . . .
> Des baisers superficiels
> Et des sentiments à fleur d'âme [1].

Ce mauvais tour que la parodie joue aux ironistes s'explique sans doute par la spiritualité léthargique endormie dans le langage et dans les automatismes eux-mêmes : les mots dont nous nous servons, d'autres les ont employés avant nous; ils sont vénérables, complexes, chargés d'histoire et de souvenirs condensés; avant qu'on ne les profère, ils ont donc déjà des préférences, des élections qui feront dévier leur sens. Mais aussi cette sédimentation immémoriale qui les enrichit alourdit dangereusement la pensée; et la même richesse de sens qui permettait aux ironistes d'agir allusivement sur autrui les expose, à leur tour, aux pièges de l'inconscient verbal. Nous définissions la conscience comme le refus d'adhérer; mais en se croyant assez sûre d'elle-même, assez détachée pour feindre l'adhésion, voilà qu'elle se laisse reprendre par la glu du langage. Tout est à recommencer. Ainsi la conscience succombe au « luxe de conscience » et redevient simple à force d'être compliquée; l'interprète qui se trompait par naïveté quand elle était allégorique se trompe par excès de profondeur maintenant qu'elle ne *signifie* pas

1. VERLAINE, *Fêtes galantes (En patinant)*.

autre chose que ce qu'elle *dit*; elle pensait selon l'esprit et nous lisions selon la lettre; à présent qu'elle est retombée pour de bon dans le sens propre, nous la prenons au figuré! Toujours en deçà lorsqu'elle est au delà, au delà lorsqu'elle est en deçà... hélas! quand tomberons-nous juste? C'est qu'on ne raffine pas indéfiniment sur sa propre liberté, et qu'il est plus facile de pénétrer dans le cercle magique qu'ensuite d'en sortir. L'ironie dupe de son propre jeu ne renouvelle-t-elle pas l'éternelle aventure de Pygmalion? Donc voilà l'ironie prisonnière de son prisonnier! Comme la ruse hypocrite s'était laissé jouer par la ruse ironique, ainsi la ruse ironique, à son tour, se laisse jouer par le sérieux naïf de ses propres phrases. L'ironiste, comme le cynique, est le trompeur trompé. Il y a des mots qu'il ne faut pas prononcer, même en plaisantant; des paroles si dures qu'en les accueillant — alors même qu'on n'y croit pas — on se rend complice de la calomnie et de la mort; par exemple, la complaisance au langage guerrier est déjà, sans qu'on le veuille, une volonté de guerre. Et de même « les paroles tristes que l'on prononce, même mensongèrement, dit Marcel Proust, portent en elles leur tristesse et nous l'injectent profondément ». C'est pourquoi il suffit, selon Pascal, de faire la conduite de la foi, pour devenir chrétien. La bigoterie de crocodile devient piété vraie... L'émotion, suivant James, ne s'exalte-t-elle pas de certaines modifications somatiques? Tout de même l'artiste puise son inspiration dans les techniques et les mimiques, dans un contact direct avec la matière. Sans doute est-ce là le secret de l'improvisation : il y a sur le clavier d'ivoire et dans les sonorités du langage [1] une spiritualité diffuse, des liaisons tacites que l'improvisateur expérimente l'une après l'autre, en remuant à fond les constellations mélodiques, interrogeant les résonances, guettant le hasard des échos et des réminiscences; et plus le son est riche (comme c'est le cas pour l'orgue), plus belle est l'aventure. L'inspiration vient en mar-

1. ALAIN, *Préliminaires à l'esthétique*, p. 256 (« Le commun langage »), 268, 273, 286, 290, 298.

chant, comme par une loi d'avalanche, et se grossit d'elle-même; car c'est en faisant de la musique qu'on devient musicien. Ces traditions qui sommeillent dans nos signes nous suggèrent des nouveautés, mais elles infléchissent aussi notre esprit vers les anciennes images; elles s'adressent à tout ce qui, malgré nos ruses, est resté en nous crédule et sentimental.

Trop sûr de sa propre indifférence, l'ironiste se tente lui-même; or, la fragile cuirasse ne le protège guère; et sa neutralité est une neutralité pour rire. Il lui arrive pourtant de se reprendre contre la partialité de cette sympathie renaissante : le jeu de mots lui sert précisément à assouplir ce langage qui lui échappe. Mais quelques calembours ne font pas l'ironie : il reste sérieux, malgré sa goguenardise à fleur de peau. Il croit se détacher, et au fond, il s'étourdit. Tout à l'heure il redevenait naïf. Maintenant la tête lui tourne : pris de vertige, il titube, affolé, entre le réel et le jeu. La conscience s'entortille dans ses incognitos et ses quiproquos extravagants et, comme à certains égards Pascal ou Kierkegaard, se maquille elle-même avec des pseudonymes. Ce ne sont que folâtreries et adroites cabrioles. L'ironiste ressemble à ces provocateurs qui, pour avoir joué leur rôle avec un peu trop d'ardeur, finissent par ne plus savoir eux-mêmes s'ils travaillent avec la police ou avec les révolutionnaires : à force de manger à deux rateliers, ils perdent de vue le « système de référence » et ils trompent tout le monde. Telle est la dialectique périlleuse et quasi acrobatique de l'espionnage. On n'endosse pas toute sa vie un certain costume, sans adhérer plus ou moins aux idées de ce costume : de là sans doute bien des « substitutions de motifs », et toutes sortes de demi-conversions. L'ironiste, jouant double jeu, appartient à ce troupeau ambigu des menteurs sincères qui fait le désespoir du dogmatisme et qui est à mi-chemin entre l'illusion et la vérité, entre l'hypocrisie et la bonne foi. Dans ce troupeau figurent Don Quichotte, le prince des mythomanes sincères, et les flatteurs de bonne foi, et Mme Bovary, et les ironistes amoureux. Sont-ils véridiques ou jouent-ils la comédie? Bien malin qui le dira, car rien n'est univoque dans le rapport du mensonge à la véracité. James constate [1] que la « blague » et la simulation sont à la limite indiscernables, comme on le vérifie dans la galéjade aussi bien que dans le quichottisme. Intérieurement déchirée, victime de son propre machiavélisme, l'ironie est à la fois Lorenzaccio et Lorenzo; son masque devient sa seconde nature, elle est trop bien entrée, comme dit Baltasar Gracian, dans la peau de son apparence; elle va et vient entre sa deuxième et sa première nature, incapable de décider laquelle est plus vraie que l'autre. On ressent ce vertige à la lecture d'un *Märchen* romantique : les catégories apolliniennes de Fiction et de Vérité, d'« acteur » et de « spectateur » chavirent dans le sabbat des éléments; sur la scène du *Chat botté*, par exemple, Tieck s'amuse à jouer un jeu dans le jeu, à « ironiser » sa propre ironie : les machinistes et le public montent sur les planches, et l'illusion est détruite par celui-là même qui l'a créée. Pirandello est passé virtuose dans ce genre d'équivoque [2]. Dans *Le Soulier de satin*, Claudel désire que les décors soient placés ou enlevés sous les yeux du public, pour qu'il soit bien manifeste que le songe est un songe; et le spectateur consent au malentendu. Le récitant d'*Œdipus rex* est un monsieur en habit noir, dont la présence achève de brouiller l'une avec l'autre « Dichtung » et « Wahrheit ». Partout la conscience du spectacle gêne le spectacle, ainsi que dans le minuscule *Don Juan* du « théâtre des Piccoli » et dans *Le Rétable de Maître Pierre* [3] où l'imagination rebondit sans cesse de la féerie au réel et du réel à la féerie. *Petrouchka*, tragédie pour marionnettes, nous inspire parfois la même sorte d'hésitation, la même espèce de vertige. Hegel [4] a lourdement raillé cette humeur lunatique qui extermine toute substantialité et qui joue avec

1. *Études et réflexions d'un psychiste*, p. 326-327.
2. *Ce soir on improvise*.
3. Manuel de Falla, d'après Cervantès, *Don Quichotte*.
4. Voici les textes où Hegel critique l'ironie : *Vorlesungen über die Aesthetik* (*Werke*, X, I, p. 82-88); *Grundlinien der Philosophie des Rechts* (VIII, § 140, p. 195-201); *Ueber Solgers*

le néant : le merveilleux des Romantiques, composant un paysage cométaire avec des sons et des parfums, ressemble, selon Hegel, à une « logologie [1] ». Du théâtre sur le théâtre, une philosophie de la philosophie, une « poésie transcendantale » qui est, selon Schlegel, poésie de la poésie [2] : — tels sont les exposants du vertige romantique, tels les produits et sous-produits d'une conscience de soi incapable de retrouver sa simplicité et sa naïveté premières. La « phtisie transcendante » de Novalis, les « Grillen » de Schumann, la « Schwärmerei » de Tieck — tous ces vertiges, tous ces sous-produits de la surconscience, aboutissent à un dokétisme injurieux pour le réel. Le conte romantique, c'est l'avenue qui aboutit à Nulle-part, le quelque chose qui n'est rien, l'infini acosmique et spectral. — Et non seulement l'ironie anéantit le dur cosmos des physiciens, mais elle défait, dans son nihilisme lyrique, la tension et la consistance morales du caractère ; elle est *belle âme* (« schöne Seele »), conviction ivre de soi, amoureuse de soi, vanité morale qui se sait et se veut vaine, divine génialité et virtuosité qui ne prend rien à cœur ni au sérieux, mortelle enfin à toute communauté consciencieuse ; l'ironie, c'est la nullité complaisante, l'approximation et le probabilisme ; bien et mal, droit, justice, vérité, loin de correspondre à des valeurs objectives, sont les simples créatures de son caprice. Hegel, qui a pourtant connu l'ironie dialectique de la corrélation des contraires et la médiation simulatrice, ironise à son tour sur cette ironie subjective, abstraite et « hypochondriaque » : elle anéantit

nachgelassene Schriften und Briefwechsel (XVI, p. 436-506). Cf. *Phanomenologies des Geistes*, éd. Lasson, p. 422 et suiv. Sur Socrate : *Vorlesungen über die Geschichte der Philosophie* (XIV^2, p. 39 et suiv.).

1. SCHELLING, *Werke*, X, p. 101, 141 ; XIII, p. 101. HEGEL, t. XVI, *loc. cit.* NOVALIS, éd. Minor, II, p. 125. Fr. SCHLEGEL, *Athenaeum*, p. 22, 247 (cit. ap. Joseph KÖRNER, *Romantiker und Klassiker*, Berlin, 1924). Cf. KIERKEGAARD, *op. cit.*, p. 318 (sur Tieck).

2. Ricarda HUCH, *Les Romantiques allemands*, trad. fr., p. 227.

toute responsabilité morale comme elle déprécie les intérêts les plus substantiels de la vie. Le comique ruine seulement les lubies et les manies, les caprices particuliers et les fausses maximes : car ce sont principalement les ridicules qui nous font rire; l'ironie, elle, tourne en dérision non seulement le risible mais le non risible; elle est l'autodestruction ou nihilisation de tous les contenus objectifs. La belle âme fichtéenne ou schlégélienne garde la nostalgie de l'objectivité et, nonobstant, reste recluse en intériorité; la belle âme s'abîme dans l'indifférence; la belle âme meurt de langueur, d'irréalité et de tristesse en sa vide pureté. — Avec le monde et la moralité, sombre la personne elle-même : elle s'efface à son tour dans l'immensité océanique de sa propre liberté. La nuit tous les chats sont gris : et non seulement les formes plastiques se résorbent dans le *menstruum universale*, mais le moi lui-même devient lunaire, irréel et fantomatique, et il se demande s'il existe encore. C'est le comble de l'« amorphisme ». L'ironiste, dit Novalis, est plusieurs et partout. Et Frédéric Schlegel précise qu'il est tour à tour philosophe, philologue, critique, comme un instrument qu'on accorde au ton voulu. Innombrables sont ses pseudonymes; infiniment variés ses incognitos. Sören Kierkegaard l'a redit après Schlegel, mais avec plus de charme [1]. Le Vaurien romantique endosse, avant de s'anéantir, plus de formes différentes que le coq de Lucien; son âme est toujours en état de migration et parcourt au hasard d'innombrables possibles; il a dans sa garde-robe toutes sortes de travestis; il peut être à volonté rhéteur, poète ou pharmacien; et parfois aussi il flâne doucement comme un cithariste amoureux. Il a le don d'ubiquité, il est roi, grain de blé, il n'est rien. Entre ces humeurs successives et aussi contrastantes que les incarnations de Brahma, il n'y a, suivant Kierkegaard, qu'une seule continuité possible, celle qui s'exprime dans l'Ennui. L'ennui — le « spleen » romantique — c'est la synthèse des dissonances et la fusion des contrastes. Le Pierrot du

1. *Op. cit.*, p. 254 et suiv.

Carnaval de Schumann, comme le « Gracioso » de Ravel, oscille sans fin entre le *piano* et le *forte*, entre l'extrême douceur et l'extrême violence ; mais justement, Pierrot est triste à mourir, triste sans raison...

> C'est bien la pire peine
> De ne savoir pourquoi
> Sans amour et sans haine
> Mon cœur a tant de peine.

Le Presto mendelssohnien, et en général tous ces *Perpetuum mobile* de la fantasmagorie romantique, où l'on pressent déjà la vélocité de *Poissons d'Or*, ne sont-ils pas faits surtout pour divertir cet ennui, et pour étourdir la conscience par la vitesse? L'ennui est l'unité ironique, le vertige s'annulant lui-même ; éternité d'un après-midi, humoresque sérieuse, béatitude sans volupté, profondeur superficielle, toujours affamé et toujours dégoûté, le spleen nous promène tristement à travers des visions sans consistance. Désespérer, c'est ne savoir que devenir ni où aller, mais s'ennuyer, tout à l'opposé, c'est pouvoir aller n'importe où et devenir n'importe quoi ; c'est, comme l'Oblomov de Gontcharov, être absolument disponible. Les extrêmes se rejoignent ; et comme on désespère d'être pauvre et seul, on s'ennuie d'être trop riche ou trop heureux ; tout se change en or, et l'on crève d'indifférence, comme les hommes pauvres et seuls meurent d'indigence. Si tout est permis, rien n'est permis. Cette âme neurasthénique par trop grande liberté, trop grande virtuosité, trop grande oisiveté, ressemble à un navigateur qui meurt de soif au milieu de l'océan. Car l'abondance avilit : telle est la dérision de la concurrence. L'ennui est donc le désespoir renversé, le désespoir des millionnaires, des acrobates et des humoristes ; c'est la façon qu'ont les riches d'être pauvres. Quelle dérision ! L'ironiste étouffe dans sa triste opulence et dans sa vide plénitude, car être tout, c'est n'être plus rien. Y a-t-il une pauvreté plus paradoxale que la pauvreté de la richesse, plus navrante que l'indigence de l'abondance?

Le ciel était trop bleu, trop tendre,
La mer trop verte et l'air trop doux [1].

Le *Trop* est plus insuffisant et plus déficitaire qu'un *Pas-assez!* Cette ὑπερβολή qui est ἔνδεια, ce πόρος qui est πενία, cet excès qui est un manque, n'est-ce point le malheur d'être trop heureux? De là vient que l'ennui apparaisse comme une douleur sans cause, une espèce d'angoisse immotivée. « Mon deuil est sans raison » — sans raison du moins pour qui assigne au malheur des causes objectives, et nécessairement proportionnées à sa grandeur. Finalement, ce moi somnambule est un moi qui n'est personne : οὔτις, comme le subtil Ulysse, personnage anonyme, rhapsodique et aérien, aussi léger que l'écume, aussi paresseux qu'un poète. Et non seulement l'ironiste n'est personne, mais, comme le dit Alexandre Blok [2], il n'y a plus personne devant lui; il n'y a plus ni moi ni toi : la relation immédiate d'allocution de toi à moi est annulée par ce retrait du partenaire. L'ironiste n'est ni celui-ci ni celui-là, et de même il n'est jamais maintenant, Nunc, ou mieux il n'*est* jamais, mais sera ou a été; il vit dans le passé par le regret et dans le futur par l'espoir, il est passéiste et futuriste, jamais présentiste; c'est-à-dire que ses royaumes à lui sont les royaumes du Déjà-plus et du Pas-encore, qui sont royaumes inexistants de Nostalgie et de Chimère. Οὐκέτι, οὔπω : Non-être partout! Et comme il n'est à nul moment du temps, ainsi il n'est en aucun lieu de l'espace, il n'est nulle part. M. Maurice Boucher signale le lien qui rattache l'ironie au pathos du pèlerinage. Partout exilé, toujours transhumant, éternellement nomade, l'ironiste ne trouve jamais où se fixer, où planter sa tente : c'est un apatride ou, comme disait Novalis, un citoyen du monde. Quel contraste entre la domiciliation bourgeoise, sédentaire, casanière du sérieux et ce vagabondage chronique! L'ironiste, comme un forain, campe dans le provisoire de ses successives résidences. D'humeur pérégrine, il

1. Verlaine, *Spleen*.
2. A. Blok, *art. cit.* (*Rietch*, 1908).

découche chaque nuit et s'en va sur les routes, tel le vagabond Éros, avec sa besace d'émigrant. La vie ironique est ainsi un perpétuel voyage de modalité en modalité et de catégorie en catégorie; elle n'a que des déterminations instables et des épithètes ambulantes. L'ironiste, le voyageur des voyages oniriques, est toujours *un autre*, toujours *ailleurs*, toujours *plus tard.* Mais par là même ce bohémien est aussi tout le monde et partout; son Nusquam est un Ubique; sa fugue est une recension de tous les masques, de tous les décors; et s'il est anonyme, c'est sans doute par excès de pseudonymes; il a les mains vides et le cœur plein de songes. Ame en chômage et conscience en peine, l'éternel Étranger s'évapore dans le royaume du délire.

Tel est le premier danger de l'ironie. L'ironiste s'absente de lui-même et se prélasse, comme il est dit dans *Gaspard de la nuit*, sur la litière dorée des songes. Multiple comme Fregoli et fantasque comme Arlequin, il vit d'une existence distraite, hypothétique, volatile, dans laquelle toutes les formes lui glissent entre les doigts. La vie ironique est donc pure négation et relativité : elle flotte entre des réalités particulières sans se poser nulle part, et sa richesse elle-même n'est autre chose que ce refus d'adopter une image de préférence aux autres; elle joue des tours à ses amis comme à ses ennemis et, à force de trahir tout le monde, elle reste seule, maigre et désabusée, parmi ses lubies.

3. Probabilisme.

Mortelle au sujet, l'ironie est encore injurieuse pour l'objet; non seulement l'ironiste s'ennuie et se ratatine dans la solitude de sa νόησις νοήσεως, mais l'objet lui-même devient futile et inessentiel. Car la plénitude du moi n'est pas sans le respect du non-moi. Il ne sera pas dit que la conscience puisse mépriser le monde sans s'exténuer elle-même, sans perdre, comme le corbeau, son fromage[1]. Pas de résistance, pas de vainqueur.

1. KIERKEGAARD, *op. cit.*, p. 281.

C'est que le donné, pour un ironiste, importe peu auprès de la « manière », de la tournure d'esprit. L'ironie est donc méfiance et inattention au réel. D'abord, l'ironie, comme le mépris ou le comique, est un effet de relation [1], et qui n'a de sens que dans un monde morcelé où chaque objet est à la fois lui-même et un autre que les autres. Ces discontinuités entre les choses, aggravées par le vide qui est entre les choses et nous, donnent naissance à toutes sortes de sentiments distants, sans chaleur et sans amitié. C'est pourquoi, on l'a vu, les événements sont de moins en moins « drôles » à mesure qu'ils intéressent des régions plus profondes et plus centrales de l'existence. Le jeu, dit Aristote [2], est puéril et frivole; mais le *fait*-de-jouer est sérieux; et de même : l'insularité du dilettantisme a quelque chose de frivole, mais l'instinct « péninsulaire » qui rattache la bonne fortune au « continent » de la vie fait de l'Aventure un Destin. Georg Simmel se demande quelque part pourquoi le mari trompé est généralement ridicule, alors que la femme trompée est presque toujours tragique : c'est que le lien conjugal est pour beaucoup d'hommes un rôle à jouer comme celui de catholique pratiquant ou de célèbre écrivain, alors qu'il est pour la femme une « destinée », et que la Destinée, étant, par définition, ce qui est Tout, ne saurait faire rire. Presque toutes les choses finies, au contraire, même les plus touchantes et les plus graves, ont un « petit côté » par lequel elles sont vulnérables à notre ironie; et quand ces faiblesses n'existent pas, il nous faut les créer; nous cherchons le défaut de la cuirasse qui nous permettra de faire levier et de dissocier les sentiments trop sublimes, de morceler un sérieux trop uni et trop lisse. C'est pourquoi [3] la vie est plutôt une tragédie dans son ensemble alors qu'elle est plutôt une comédie, et même un vaudeville dans le menu dé-

1. Les vues de Jean-Paul et de Schopenhauer sont, sur ce point, aisément conciliables avec celles de Bergson.

2. *Eth. Nic.*, X, 6, 1176 *b*, 22. Cf. Régis Jolivet, *Les activités de l'homme et la sagesse* (Lyon, 1963), p. 66.

3. Schopenhauer, *Well als Wille und Vorstellung*, Suppl., chap. xlvi, § 58.

tail de sa quotidienneté : ironiser sur le tragique destinal, c'est donc affecter de le traiter comme on traite les anecdotes et faits divers de la semaine... Ne serait-ce pas en ce sens que le cadavre [1] est le sérieux absolu? Car le sérieux est le total : comme en dehors du tout, par définition, il n'y a rien [2], le sérieux est ce qui n'entretient de rapport avec aucune autre existence; le sérieux, c'est-à-dire l'« absolu », n'a pas de relation. Baudelaire dit que le rire est un des pépins de la pomme, entendant par là qu'il est né le même jour que la science du bien et du mal; les visages, convulsés pour rire ou pour pleurer dans notre civilisation hystérique, redeviendraient unis avec le retour à l'âge d'or. La joie, qui concerne tout l'être, n'est-elle pas à l'opposé du sarcasme? Par suite encore, le comique est un effet de contingence : les singes font rire, parce qu'ils pourraient être des hommes; la nécessité, excluant tout possible et, par conséquent, toute comparaison, n'offre pas de prise à l'ironie. Et de même, ce qui est drôle, selon Bergson, ce n'est pas le mécanisme comme tel, ni le vital comme tel, mais l'*automate*, c'est-à-dire la machine qui a l'air vivante, ou l'homme qui ressemble à une machine. Insistons encore : les choses sont plutôt graves par ce qu'elles ont de profond, et plutôt futiles par ce qu'elles ont de superficiel : disjointes à la surface, elles se rejoignent au fond de la vie, dans cette région sérieuse où l'univers est présent à chacune de ses parties. L'ironie, loin d'être sympathie, est donc, tout au contraire, hostilité, ou du moins indifférence et détachement : elle souligne des détails unilatéraux et partiels, elle se place à la périphérie pour rester extérieure aux choses; elle ne laisse pas les parties disjointes se résorber dans l'ingénuité d'une vision crédule, mais elle les recompose bizarrement et elle joue à essayer toutes sortes d'associations, d'accouplements, de calembours et de monstrueuses combinaisons: car ces alliances saugrenues, et si injurieuses pour l'objet,

1. KIERKEGAARD, *Pour un examen de conscience.*
2. SÉNÈQUE, *De vita beata*, IX, 3 : *nihil enim extra totum est, non magis quam ultra finem (supra summum).*

résultent tout naturellement de l'abstraction ironique. L'ironiste, s'anesthésiant lui-même pour n'être plus ému par la saveur des qualités, renonce à cette précieuse naïveté qui nous rend toutes choses enveloppantes et humaines.

L'ironie manque donc bien de *pectus*, comme dit Amiel, entendez : de zèle, d'assiette et de pesanteur. Elle est vraiment trop légère et trop intelligente; on lui souhaiterait presque, tant elle est impondérable, un peu plus de lourdeur; on la voudrait moins plume, et plus lente. La « gravité », n'est-ce pas le poids et, ensemble, l'application? L'ironie est trop lucide pour agir. L'aventure de la décision suppose un peu de clairvoyance, et aussi un peu d'aveuglement; qu'on sache se souvenir, mais qu'on sache parfois oublier. L'ironie, parce qu'elle dédaigne ce courage aventureux de la première volonté, de la première colère et du premier mouvement, n'entreprendra jamais rien; elle s'entortille dans ses périphrases et, incurablement timide devant le vertige du *Fiat*, se condamne elle-même à la stérilité. L'ironie aime naturellement la fioriture; au lieu de suivre la grande route, elle se disperse à travers mille sentiers tortueux. D'autre part, cette ironie blasée et trop scrupuleuse ne croit plus à rien; rien ne vaut la peine, et le monde n'est que vanité; on déprécie le non-moi par trop de conscience, on se réduit enfin à l'état de nomadisme intellectuel. Où trouverons-nous la hardiesse d'entreprendre, de choisir parmi les possibles? de trancher le nœud gordien des délibérations interminables? Le choix suppose le déséquilibre, c'est-à-dire la *préférence*, — et comprenons bien que la préférence ne saurait venir des mobiles spéculatifs eux-mêmes, car les idées n'engendrent que des idées; pour passer à l'action, c'est-à-dire à la nouveauté, il faut qu'une force passionnelle nous incline arbitrairement vers un possible plutôt que vers un autre. Pas de prise de position sans ce *potius quam* partisan... Mais comment l'ironie, qui affecte de ne favoriser personne et de n'avoir aucune préférence, comment cette ironie égalitaire et nivelante échapperait-elle à l'oscillation indéfinie de l'ἐποχή? L'ironiste, c'est l'hésitant. L'ironiste n'*ose* pas. On ne lui connaît pas de « faible », pas d'injustice marquée, pas d'humaine prédilection; tenant la balance égale entre toutes les formes d'être, il renonce à la partialité de ces initiatives aléatoires qui seules résolvent les alternatives du choix. Le « désintéressement » ironique, ne serait-ce pas de l'« indifférence »? Indifférente, l'ironie l'est également, soit qu'elle ne s'intéresse à rien, soit qu'elle s'intéresse à tout. La tendre dilection n'est pas sans une idée de privilège : mais l'ironie est plus tolérante que généreuse, et elle organise la concurrence de toutes les valeurs pour n'avoir pas à opter; les affections s'entr'empêchent dans un cœur trop hospitalier, et l'amant innombrable annule ces promotions du sentiment qui sont l'effet de la spontanéité. Il n'y a plus d'élue, puisque toutes sont choisies : car celui qui dit oui à tout le monde, c'est comme s'il disait non! On arrive en effet à l'isosthénie par deux voies opposées : par le scepticisme qui n'admet aucune vérité, et par le relativisme qui, les admettant toutes, les détruit l'une par l'autre. Dans la vodka de l'ironie, dit Alexandre Blok, le rieur noie son espoir comme son désespoir. Tout revient au même, tout est égal. L'universelle adiaphorie confond les hiérarchies et submerge les valeurs. Telle est cette générosité négative qui est un flirt avec toutes les idées, et, toujours sur le point de s'éprendre, affecte à chaque instant de ne rien approfondir; elle butine, elle papillonne, elle n'a que des passionnettes; tout ce qu'elle effleure devient insignifiant. Qu'elle se rassure donc : elle ne sera pas compromise. La voici telle qu'elle-même s'est voulue : sans innocence, sans fidélité ni candeur, sans bonté, sans positivité aimante; impuissante aussi, parce que trop large... Au fond, les consciences créatrices ne détestent pas l'étroitesse, qui leur permet de réaliser quelque chose; l'ironie, n'acceptant aucune limite, veut régner sur tous les possibles : elle ne régnera donc que sur des fantômes; elle sera, comme Pluton, infiniment riche, mais elle n'existera pas.

L'ironiste dissout le sérieux de l'objet, non seulement par son abstention, mais par les morcelages auxquels il le soumet. On a assez montré que l'ironie tend vers le discontinu; comme le conceptualisme de Socrate aboutit au nominalisme des Cyniques, ainsi l'ironie se pulvérise en sentences et en proverbes [1]: elle s'attaque même au logos et à la pensée spéculative en général, elle conteste la possibilité de la prédication. Pareillement, l'esprit de conversation tend à devenir, au dix-huitième siècle, persiflage mondain, dans le même temps que l'évidence cartésienne dégénérait en phénoménisme ou en solipsisme. Époques critiques, avides de formules brillantes, de certitudes immédiates et de présences instantanées! La périodologie sérieuse, déchiquetée par ce vent du nord, retombe en mille morceaux comme les confetti multicolores qui pleuvent sur le Corso un jour de carnaval. L'ironie, dans son acerbe et précise dureté, est tour à tour l'esprit de prose qui détruit le passé par le présent, et le délire romanesque qui détruit le présent par le passé : mais — passéiste ou présentiste — elle est toujours dissolvante; elle réduit en miettes les généralités pathétiques : le mouvement devient pour elle un chapelet de stations et le « bon-mouvement » une rhapsodie de scrupules. On se donnera une claire vision, sinon de l'émiettement ironique, du moins de l'analyse humoristique, en comparant les *Jets d'eau à la villa d'Este*, de François Liszt, et les *Jeux d'eau* de Maurice Ravel; là où Liszt, pèlerin pathétique, a vu de grandes rafales, l'ironiste, le descendant de Scarlatti et de Couperin, perçoit plutôt un ruissellement de gouttelettes, quelque chose comme le bruit égal de la pluie dans les jardins de l'Ile-de-France.

Tout son collier de blanches perles
Dans le ciel bleu s'est délié...

C'est ainsi que Charles Van Lerberghe, précédant Gabriel Dupont, s'adresse à « ma sœur la Pluie [2] ». Dans la respiration des vagues et des grands vents

1. Hermann COHEN, *Ethik des reinen Willens*, p. 506 (contre l'aphorisme).

2. *La Chanson d'Ève*. Gabriel DUPONT, *La Maison dans les dunes*, nº 4.

d'outre-mer Debussy a entendu ces mille bruits insensibles dont parle Leibniz : ce ne sont que chuchotements, trilles, frôlements, murmures furtifs; les familles d'instruments se subdivisent et rient sous cape. La fine morsure du « pointillisme » amenuise tous les timbres et décompose toutes les qualités. Il est vrai que chez les « impressionnistes » français, cette analyse est plutôt une œuvre de pudeur... Au reste, même sous l'ample draperie romantique, on pouvait déjà deviner quelque chose comme la piqûre de l'ironie. Ce quelque chose, c'est le chromatisme qui dissout, à la manière d'un acide, les mélodies bien tendues; le chant s'effrite en notes juxtaposées, les traits et les gammes tombent en poussière. L'ironie, corrosive et soupçonneuse, attaque les « grands principes » comme le chromatisme attaque les musiques ingénues. Il n'y a plus que des anecdotes. L'ironiste, dit Jean-Paul, se promène entre des parterres semés de débris multicolores : quand le persiflage caustique a cessé, il ne reste plus de la vie qu'une bigarrure d'atomes, de quolibets et d'épigrammes sans lien.

Doublement périlleuse pour le sujet, qu'elle expose soit au vertige du spleen, soit à toutes sortes de complicités clandestines avec le scandale, l'ironie représente aussi pour l'objet un double péril : l'un s'appelle probabilisme, et l'autre atomisme. D'un côté, elle met en pièces les totalités sérieuses du sentiment et du discours; d'autre part, elle volatilise tous les problèmes, au lieu de les résoudre; elle décide, par exemple, que le mal, la mort et la douleur n'existent pas [1]; elle est donc plus indifférente que vraiment courageuse. Le courage, ce n'est pas de déclarer la difficulté irréelle, mais de l'endosser toute vive, positive et tragique, pour la mieux résoudre. Les hommes sérieux accusent les grands ironistes — Voltaire, Paul-Louis Courier, Renan — d'avoir été de grands escamoteurs, de désosser les grosses questions, de les réduire à des lapalissades ou à des pseudo-problèmes :

1. KIERKEGAARD, *op. cit.*, p. 280; Georg SIMMEL, *Einleitung in die Moralwissenschaft*, t. I, p. 217.

les plus graves débats, pour l'ironiste, viennent de malentendus sur les mots, et il suffit, n'est-ce pas? de définir les vocables dont on use pour se transporter au-dessus de la mêlée; on récuse, à grand renfort de plaisanteries, les antithèses périmées et l'on fait des mots sur les « vérités immortelles ». Pourtant ridiculiser, ce n'est pas encore réfuter; se moquer d'un problème, ce n'est pas le résoudre! Les beaux esprits inventent toutes sortes de prétextes pour ne pas choisir, pour renvoyer dos à dos les extrêmes... Hélas! ne pas choisir, c'est encore un choix; et personne n'élude l'alternative du Pour et du Contre. *Utinam frigidus esses, aut calidus! Sed quia tepidus es, et nec frigidus nec calidus, incipiam te evomere ex ore meo* [1]. L'humoriste se condamne ainsi aux démissions les plus choquantes; ses propres questions l'intéressent à tel point qu'il écoute à peine la réponse; comme Socrate dans beaucoup de dialogues, il en oublie de conclure! Cette ironie gazeuse, tricheuse et acide qui subtilise tous les grands problèmes ne ment-elle pas à sa vocation interne et, pour tout dire, à son humanité?

Satan, dit-on, est l'humoriste... Peut-on démontrer que Satan, pour une fois, est le plus fidèle ami des hommes, et qu'il faut comprendre bien mal la plaisanterie pour le traiter comme un menteur? Cherchons si, à notre tour, nous n'aurions pas instruit contre l'ironie le procès de Mélétos : l'ironie, disaient les philistins, discrédite les dieux de la cité et dérange la cervelle des leunes gens. Est-ce donc vrai que l'ironie démoralise je sujet comme elle décompose l'objet?

4. L'ironie humoresque.

Montrons d'abord que, si l'ironie subalternise et bagatellise chaque singularité prise à part, c'est pour mieux faire honneur à l'ensemble du réel. On reconnaît dans ce contraste l'ambiguïté ordinaire de l'opération

1. *Apocalypse*, III, 15-16.

ironique. L'ironie est le sens du détail et, du même coup, l'ironie est la pensée de l'universel — τοῦ καθόλου. L'ironie, quoique toute hérissée de sarcasmes, de pamphlets et de fines aiguilles, est le pouvoir d'envisager les choses sous un certain aspect de généralité : le détail appelle l'ensemble d'où on l'a ironiquement extrait pour le monter en épingle. Mais au lieu que l'individualisme s'arrange pour retrouver une miniature de l'univers, ou, comme on dit, un microcosme dans des singularités typiques, l'« ironisme » veut le détail insignifiant et, autant que possible, dérisoire, pour qu'il restitue le tout non point par un développement extensif de son contenu, mais par une magie instantanée et en évoquant les puissances allusives de l'intuition. Ainsi l'on peut bien dire, pour paraphraser Platon : συνοπτικὸς γὰρ ὁ εἴρων. L'ironie est paradoxalement synoptique! L'ironiste prend de l'altitude [1] et se donne des panoramas d'aéronaute. Si on veut lui rendre justice, il faut abandonner le point de vue des particularités ambitieuses aux dépens desquelles il nous égaye. Le détail, en vérité, est plutôt risible que ridicule; et comme rien ici-bas n'est sans limites, rien non plus n'est absolument sans valeur : car c'est le propre de l'ironie que d'affirmer simultanément la positivité et l'imperfection de toute chose créée. Presque rien n'est méprisable. Mais presque rien n'est indispensable. L'humour dit que rien n'est irremplaçable, mais le remords proteste que tout est irremplaçable : l'ironie accorde le remords avec l'humour et décide que rien n'est vanité, bien que tout soit vanité. Savoir que l'individu passe quand les institutions demeurent, et que l'œuvre survit à l'ouvrier, cela est, tout ensemble, réconfortant et un peu triste; il arrive, pour comble de dérision, que l'injustice collabore à édifier l'harmonie générale; qu'un théoricien meure de ses propres théories; qu'une société importe d'ailleurs des idées, des sentiments, des produits, un langage qu'elle avait, pourtant, inventés; le phénomène ment à la loi et l'individu à l'espèce,

1. Ἄνωθεν ἐπιθεωρεῖν, dit Marc-Aurèle (Εἰς ἑαυτόν, IX, 30).

et la fin s'accomplit à travers des moyens paradoxaux... Toutes ces incohérences métaphysiques, économiques, sociales composent ce qu'on appelle vulgairement l'ironie du sort. Ironie, la fécondité de l'erreur! ironies, la contradiction providentielle, et la téléologie de l'échec, et les coïncidences bizarres du destin! Leopardi et aussi le Kirillov de Feodor Mikhaïlovitch ne nous ont-ils pas assez répété que le destin est une farce, la planète un mensonge et la vie tout entière une sorte de vaudeville diabolique? Et quelle dérision encore que les plus majestueuses idéologies soient à la merci d'un fait minuscule! que les grands hommes soient si souvent l'œuvre des petits hasards! Le hasard fait quelquefois si bien des choses... L'ironie développe en nous la conviction suivante : le tout est aussi nécessaire que le détail est contingent! C'est l'optimisme du pessimisme. Il y a en elle une sorte d'élasticité infinie qui la rend capable de digérer les antinomies en se totalisant toujours et de loger les caprices de la fortune en se réadaptant à toutes les diversités du donné... Ne pas trop s'indigner des trahisons ni trop s'étonner des conversions, considérer les renégats avec une indulgente ironie, c'est là faire preuve d'une sagesse qui n'est pas forcément sceptique et qui est parfois voisine de la sympathie. Luther, taquiné par le démon au moment où il traduit la Bible, lui trouve sur-le-champ une place dans son univers. Ironiser, c'est donc comprendre et s'élargir pour résorber le « sporadisme » de l'évolution [1] et résoudre les dissonances de la vie; et c'est encore être « intelligent », en d'autres termes se trouver toujours au delà des limites que notre condition, à un moment donné, nous impose; l'ironie, réfléchissant sur sa propre réflexion, serait « conscience du par-delà [2] ». Cette finesse indulgente, qui excuse l'univers comme on pardonne à un ami, diffère autant de la moquerie étroite que, chez Spinoza, *risus* diffère de *irrisio :* car

1. Höffding, *Humor als Lebensgefühle*, *passim*; Palante, *art. cit.*; Fr. Paulhan, *La Morale de l'ironie*, *passim*.
2. A. Gide, *Les Faux-Monnayeurs*, p. 364.

il y a un rire qui est, comme la colère, la jalousie et la superstition, un sentiment distant et inamical. L'ironie observe mille nuances que la moquerie sommaire ne connaît pas; car celle-ci est une gaieté selon la lettre, et celle-là une gaieté selon l'esprit.

Mais surtout, l'ironie joue un rôle capital dans notre perfectionnement intérieur. Et, d'abord, dans nos relations avec l'univers. Il y a si peu de choses importantes! « There's nothing serious in mortality », dit Macbeth; « all is but toys ». La nullité comique des occupations humaines nous déride, et nous effaçons d'abord, dans la carte de nos soucis, tous ces tracas minuscules qui agitent l'oisiveté provinciale et dont la portée ne dépasse pas un après-midi. Qu'on pense seulement au sourire mélancolique et désabusé avec lequel nous feuilletons notre agenda de l'an dernier, témoin de nos importants rendez-vous et de nos grandissimes agitations défuntes... Héraclès dans l'Hadès sourit, selon Plotin, en se rappelant ses travaux terrestres. Πρὸς τὰ ἀδιάφορα ἀδιαφορεῖν, dit Marc-Aurèle [1] : être indifférent aux choses indifférentes! L'ironie, courant à l'essentiel, subalternise ces tragédies microscopiques; ainsi elle détend, aère, simplifie. Pour ridiculiser la mesquinerie de nos conversations, l'ironie simule l'emphase et la bouffonne solennité; elle fait, elle aussi, beaucoup de bruit pour rien. Elle se moque, comme Erik Satie, du porteur de grosses pierres qui sue sang et eau sous son pesant fardeau (c'est une pierre ponce). Certains esthéticiens expliquent justement le rire comme un effet de brusque dégradation, une sorte de contraste descendant [2] : la montagne accouche d'une souris; cette théorie classique expliquerait non pas tant le rire que l'action récréative et déflationniste de l'ironie : l'ironie dégonfle la fausse sublimité, les exagérations ridicules et le

1. Εἰς ἑαυτόν, XI, 16. Et Plotin, *Enn.*, IV, 3, 32.

2. Par exemple Novalis, éd. Minor, t. II, p. 217; Baudelaire, *Curiosités esthétiques : De l'essence du rire et généralement du comique dans les arts plastiques;* Stendhal partage cette manière de voir et, parmi les modernes, James Sully *(An essay on laughter)*, Bain et Höffding.

cauchemar des vaines mythologies. Comme il y a dans nos idées une tendance à aller jusqu'au bout des rogues antithèses, dans nos sentiments une inclination passionnelle qui les rendra obsédants et, pour ainsi dire, cancéreux, dans nos actes enfin une disposition à virer en habitude ou idée fixe, nous avons besoin d'un modérateur qui compense par une certaine frivolité bienfaisante la triple « frénésie » de la logique, de la mémoire et du rêve. L'ironie est ce régulateur. Principe d'inhibition des sentiments, l'ironie joue un rôle comparable à ces « réducteurs » qui, selon la psychologie académique, freineraient l'inclination hallucinatoire des images; elle contrebat l'absolutisme pathologique, elle fait que la grandiloquence rougit d'être grandiloquente, elle surmonte par une espèce de lévitation notre pesanteur spirituelle, et interrompt enfin la prolifération complaisante des adjectifs. Par là, l'ironie nous immunise contre la déception; elle est l'antidote des fausses tragédies, la conscience que nulle valeur n'épuise toutes les valeurs; elle lutte contre l'inertie des sentiments qui s'attardent, deviennent tic, marotte ou formule; elle rappelle à l'ordre les douleurs qui s'éternisent et prétendent être totales, c'est-à-dire désespérées; elle est donc, en même temps qu'une grande consolatrice, un principe de mesure et d'équilibre, quelque chose comme le πέρας ou limite selon le *Philèbe*; mortelle au pédantisme maniaque et à toutes les unilatéralités de l'esprit, elle forge des âmes harmonieuses, divisées, multilatérales qui veulent pour centre non plus un vice, mais une valeur vraiment essentielle. Est-il un contrôle plus exact des fausses bonnes intentions, une épreuve plus rigoureuse pour la demi-sincérité et les désespoirs littéraires? Cet approfondissement de l'ordre mental, cette hiérarchie nouvelle des intérêts et des tendances ne vont pas, assurément, sans de lourds sacrifices : plus souvent qu'enthousiasme, l'ironie nous demandera résignation, patience et très commune bonne humeur. C'est que nous ne sommes pas des anges. Il y a dans chaque instinct, dans chaque passion de quoi nous briser le cœur... Comment tiendront-ils tous dans notre poitrine? L'ironie est le pis-aller qui leur permet de se supporter mutuellement, à force de concessions et de sagesse réaliste. L'ironie n'est qu'un des visages de la pudeur.

Tous les sentiments ont leur pudeur; et non seulement le corps, mais la conscience entière [1]. La pudeur, loin de s'expliquer par des raisons utilitaires telles que l'instinct de conservation ou les exigences biologiques de la sélection, apparaît comme une crainte généralement gratuite et sans objet très défini; la pudeur est d'essence « panique », c'est-à-dire métempirique. Qu'elle soit, comme chez Racine, sauvagerie apprivoisée ou bien retenue native, elle exprime ce qu'il y a de plus délicat dans notre civilisation intérieure. Elle implique avant tout le respect d'un mystère, notamment dans l'amour, qui est de toutes les émotions la plus riche et la plus grave; elle respecte en l'Autre cet élément nocturne, impénétrable, mystérieux où notre propre ipséité se reconnaît elle-même. La pudeur est le pressentiment d'une dignité spirituelle qui est propre aux choses de l'âme et qu'on s'expose à profaner si, par sotte franchise, on en galvaude la confidence. Ce mystère, nous l'avons déjà décrit comme le pourtour d'ineffable et d'indicible qui déborde des mots et les rend allusifs : de même qu'il cerne le proféré avec un halo d'inexprimable, de même il auréole d'infini la personne tout entière. La pudeur est le délicat maniement de cet impalpable, de cet impondérable. Coquetterie paradoxale de l'inclination, la pudeur attire en repoussant et, à cette indécision, doit son charme suprême qui est fait ensemble de gaucherie et d'aisance, de hardiesse et de timidité; elle n'est donc pas, comme dit Leibniz, *motus primo primus*, mais, au contraire, réserve contre-nature, exquise retenue d'un cœur qui se défend de soi. — Il y a dans la pudeur, comme dans l'ironie, un principe de temps. Parce que nos sentiments sont organisés en épaisseur, et riches de virtualités tacites, ils ne

1. Voir L. DUGAS, « La Pudeur » (*Revue philosophique*, 1903, II, p. 468-487). Max SCHELER, *Uber Schamgefühl* (Nachlass).

sauraient d'un seul coup développer toutes leurs puissances : ils veulent mûrir et s'actualiser progressivement. La pudeur est cette précaution de l'âme qui ménage les transitions, espace les plans, empêche l'instinct de se jeter gloutonnement sur l'amour, en brûlant les étapes. La gradation pudique a ses raisons, mais son but n'est pas d'agacer notre appétit. Seulement, la pudeur sait qu'une affection bâclée est un feu de paille et que rien de durable ne peut être fondé sans l'épreuve du devenir. « Un temporisement raisonnable, dit Baltasar Gracian, mûrit les secrets et les résolutions. » Et ailleurs : « ... la précipitation engendre toujours des avortons... [1] ». Comme les subites et passagères révoltes de l'indignation ne constituent pas encore une volonté révolutionnaire, et comme la culture elle-même suppose une lente imprégnation de l'esprit, une inlassable patience technique qui accepte les veilles ingrates et le purgatoire des solfèges, ainsi il y a toute une initiation à l'intimité du tutoiement pour laquelle l'impudeur est surtout la hâte excessive, la familiarité prématurée, le sentiment né avant terme. Les intimités foudroyantes sont comme les enfants trop précoces : elles se flétrissent vite, n'ayant pas pénétré, pour s'approfondir elles-mêmes dans l'épaisseur purifiante des déceptions et des épreuves. Même le « coup de foudre » suppose une incubation secrète dans l'inconscient. La nature semble le prévoir, qui retarde les dents de sagesse et la barbe au menton parce qu'elle est moins pressée que nous, et pour nous montrer que les choses ont une date. La puberté arrive quand on a vingt ans, et il faut donc *attendre* pour éprouver l'amour, comme Bergson *attend*, pour boire, que le sucre fonde [2]; les maladies elles-mêmes évoluent à travers des phases successives et des intermédiaires qu'on ne saurait escamoter sans rendre plus fragile la guérison. Dans ce fécond et secret laboratoire du devenir la vie se recueille patiemment pour sa profonde besogne médicatrice et trans-

1. *L'Homme de cour*, maxime 55. *El Discreto*, III.
2. *Évolution créatrice*, p. 10; *La Pensée et le mouvant*, p. 19.

formatrice. Ainsi l'opération de la vie est naturellement pudique : respecter cette pudeur, c'est laisser agir la iatrique spontanée de l'histoire, entendez cette vertu thérapeutique qui est dans les progrès et les croissances. « Ich glaube an die Zeit », dit Gutzkow. La pudeur est en laborieuse lenteur ce que l'humilité est en bassesse et dérobade... Dans les choses du cœur, ainsi que dans celles du corps, l'oblique pudeur empêche toute improvisation, toute tendance à bousculer les intervalles ou à précipiter le cours naturel de la passion. Joubert note avec délicatesse cette finalité profonde de la pudeur [1] : elle amortit les chocs extérieurs, tamise les images, nous permet ainsi d'attendre le moment le plus favorable à l'épanouissement de l'amour — car il y a un temps optimum pour chaque passion; elle nous donne le sentiment de la complexité et de la gravité du mystère amoureux. L. Dugas distingue trois variétés : la pudeur dans l'amour qu'on inspire, la pudeur dans l'amour qu'on éprouve et la pudeur dans l'expression de l'amour. On doute d'abord si l'on sera aimé, et puis on se demande comment on l'est, à quel degré, pour quel motif, et on craint de ne pas l'être comme on voudrait, et on tremble d'être méconnu. Ensuite on craint de ne pas savoir aimer, parce qu'on ignore ses propres ressources; nous rougissons de nous attendrir et doutons de notre profondeur. Enfin l'on a peur de ne pas savoir dignement s'exprimer, de rester au-dessous des vérités du cœur.

L'ironie est une pudeur qui se sert, pour tamiser le secret, d'un rideau de plaisanteries. Elle sait que l'amour est une affaire de grande conséquence; aussi les consciences simplistes qui se pâment et s'enchantent d'elles-mêmes et se drapent dans leur sincérité sont-elles souvent les plus volages. Il y a des mots qu'il faut prononcer rarement, d'autres qu'on ne dit qu'une fois dans la vie : l'ironiste le sait, qui badine sur les valeurs, parce qu'il croit aux valeurs. Le rapport est le même entre l'ironie et le persiflage qu'entre la pudeur et la pudibonderie : la pudibonderie se cache, sans

1. *Œuvres*, t. II, titre 6.

avoir rien à cacher (n'est-ce pas une forme de l'impudeur?), et de même le persiflage est moquerie vide, légèreté des sens et du cœur : aussi railleur que l'ironie, il est aussi pauvre que la naïveté. L'ironie est encore plus sérieuse que le sérieux. Nous savons qu'il y a un sérieux tout négatif qui est la frivolité même, parce qu'il va trop vite et trop à fond, parce qu'il est toujours en avance, toujours excessif, toujours importun; il ne sait pas dire ce qu'il faut dire, ni quand il faudrait le dire : loquace au moment où il faut se taire, silencieux quand il faudrait parler... L'ironie, respectueuse des nuances, sait attendre l'occasion unique, exprimer l'ineffable, toucher l'intangible, atteindre l'inattingible; elle tient compte de la chronologie du cœur; fuyante elle-même, elle est organisée pour des « hapax », pour des événements fuyants et des conjonctures semelfactives. L'ironie est l'esprit de finesse, la pointe délicate qui nous fait atteindre l'irréversible. L'ésotérisme de l'ironie retrouve ainsi tout son sens profond. Comme la timidité se dissimule parfois sous des hardiesses d'emprunt, ainsi les plaisanteries sont le voile transparent qu'agite au-devant de lui-même le tendre humoriste : la passion humorisante qui se défie de soi s'inclut ainsi dans son propre humour. L'oblique ironie évite, avec le tutoiement direct, cette allocution de plein fouet qui fait de l'amitié une camaraderie superficielle, une chose toute faite qu'on se donne d'un seul coup et sans prendre la peine de pénétrer au vif de la conscience amie. Elle sous-entend que la personne n'est pas tout entière étalée devant nous, en surface, mais qu'elle nous réserve des problèmes, qu'elle appartient à d'autres cercles sociaux, qu'il y a en elle une multiplicité de relations complexes, et une organisation en profondeur, et beaucoup d'inexploré. Le « Tu », symbole des intimités faciles, translucides et sans lendemain, place les amis sur le même plan; ils se supposent mutuellement simples, quoiqu'ils se sentent l'un à l'autre étrangers; ils se voient nus, mais ne se connaissent pas. Le « Vous », au contraire, respecte l'énigme, c'est-à-dire l'infini dont tout être est porteur.

« C'était un petit être mystérieux comme tout le monde », dit Arkel à la fin de *Pelléas et Mélisande* devant le lit de la petite morte. L'ironie debussyste n'est-elle pas en grande partie le respect de ce mystère, et la résistance aux facilités du pathos? Mais nulle part la pudeur et la litote odysséenne n'apparaissent plus étroitement liées que chez l'auteur de *Pénélope*. On a dit de Mallarmé qu'il aurait pu être Victor Hugo s'il avait voulu. Et de même Fauré pourrait être Chopin et Gounod s'il voulait. Mais il n'a pas voulu. Or la grandeur est dans l'abstention. De là cette noble réserve, cette gaieté toujours voilée de mélancolie qui sont, chez le musicien, un effet de l'*humeur bergamasque*. Dans le spleen verlainien, Fauré trouve l'idée d'un bonheur immérité, gratuit, et pour ainsi dire, à peine croyable : *Puisque tout ce bonheur veut bien être le mien... Ils n'ont pas l'air de croire à leur bonheur... Et quasi tristes sous leurs déguisements fantasques* [1]... Ce qui est pudique, c'est d'accepter le bonheur avec humilité, comme un don précaire et toujours révocable, au lieu de voir en lui une chose due, ou conquise de haute lutte sur le destin [2]. Timidité de la joie, fêtes « en sourdine », ou comme dit Gabriel Dupont, « mélancolie du bonheur »... on dirait que la tragédie grecque a trouvé pour elles les premières allégories : car le bonheur déréglé est voué, par sa démesure même, à la jalousie régulatrice de Zeus ou à ce principe compensateur que les Grecs appelèrent Némésis. L'heureuse conscience ose à peine se savoir heureuse; pour un peu, elle demanderait pardon de rire et d'exister; dans sa modestie reconnaissante, elle adresse à la fortune un perpétuel merci. L'ironie est un état de gratitude où l'on tient tout succès pour une heureuse chance, où l'on se croit indigne des faveurs du sort, où les choses nous paraissent, comme la première douceur du printemps après un long hiver, mille fois plus belles et plus pures

1. *Clair de lune*, *La Bonne Chanson*... : « J'ai presque peur, en vérité... Et je tremble... », etc.
2. Cf. Kierkegaard, *Entweder Oder*, I, p. 262.

que nous. L'ironiste, choisissant d'être un autre que soi, se donne une existence diverse, dramatique et infiniment tendre; plutôt que de rabâcher involontairement et de laisser se perdre la saveur de la nouveauté, il se cite lui-même, par ironie, et prévient ainsi la moquerie étrangère : tel Florestan dansant sur un char de Carnaval la première valse des *Papillons*; ces réminiscences sont le miroir où la personne contemple son propre sosie et rit de se voir à l'envers. Voilà, dira-t-on, des subtilités bien précieuses. Mais si, par hasard, la préciosité n'était autre chose que l'obliquité pudique, et le détour de la périphrase, et comme l'hermétisme spontané de la conscience? La préciosité qui évite le mot propre et direct en le remplaçant par la circonlocution pudique n'est-elle pas la poésie même? Ce n'est pas être guindé que d'avoir, comme Fauré, la pudeur de l'éloquence. L'ironiste veut préserver en soi une certaine profondeur secrète; il répugne à dire trop tôt l'indicible, et il conserve précieusement ce quelque chose de poétique et de virginal qui survit en nous aux démonstrations les plus choquantes du pathos.

Cette ironie qui est corrosive comme le vitriol, elle cache donc un grand fond de sérieux. Disons d'abord qu'il n'y a pas d'ironie absolue; et comme dans l'acte même de douter Descartes découvre déjà l'opération spirituelle qui le conduira à l'existence de quelque chose, ainsi l'ironie est toujours sur le point de s'arrondir, de se nommer elle-même, de s'installer au centre d'un système. On le voit bien chez les philosophes romantiques : d'abord ils sont les chevaliers du « chaos agile » et de la « bouffonnerie transcendantale », et finalement ils deviennent, tous ces conspirateurs, les théoriciens de la Sainte Alliance et de l'Europe introuvable; Frédéric Schlegel écrit la philosophie du système Metternich, et Schelling rejoint les dogmes révélés. Schumann, de son côté, reniant Eusébius et Colombine, fabrique de grandes compositions classiques comme Beethoven. Même l'ami de la liberté et des barricades, Liszt le généreux, le sublime, il reçoit un jour la tonsure; lui, le saint-simonien, le frère de Prométhée, de Mazeppa, des tziganes et des émeutiers de Lyon, il habille d'une soutane ses magnanimes folies! Mais attention! Ce n'est pas là une dernière mystification comme le coq d'Esculape ou la « conversion » de Satie... C'est très sérieux! Est-ce donc là ce qu'ils appelaient de l'Humour? Avant de les condamner, cherchons si, dans le passage de « Humor » à « Ernst » il n'y aurait pas une fatalité du même ordre que celle qui fit glisser Descartes de la vive certitude au dogmatisme et de la *Cogitatio* à la *Res cogitans*. Voici que la dialectique de La Rochefoucauld et de Zénon d'Élée se détruit elle-même : il n'y a pas de méchanceté radicale, pas de négation pure, et l'extension est déjà donnée avec les indivisibles qui soi-disant la composent; comme le sceptique dépiste sans relâche les erreurs de la vérité et les vices de la vertu, ainsi l'on a bien le droit de montrer l'altruisme qui est dans l'égoïsme, et la vérité relative qui est dans toute erreur. Par exemple, la modestie renvoie à la vanité qui, à son tour, est un des visages de l'humilité; l'hypocrisie, qui n'est pas bonne, puisqu'elle n'est que l'amour-propre camouflé, n'est pas absolument mauvaise, puisqu'elle désire paraître morale. On n'en a jamais fini avec les « circonstances atténuantes »; et si tout m'accuse, tout m'excuse. De même, le sérieux et la plaisanterie renvoient perpétuellement l'un à l'autre : jusque dans la haine, l'ironie de Méphistophélès, chez Liszt, sait trouver des inflexions viriles et généreuses, et nous admirons cette merveilleuse méchanceté qui, sur le point d'atteindre l'extrémité de la négation, devient aussi exaltante que l'amour. Ainsi ne nous étonnons plus s'il y a chez le hégélien Solger une mystique de l'ironie; ou si Frédéric Schlegel lui-même trouve en elle un principe d'enthousiasme et d'énergie [1]...

Cette ironie qui est finalement sérieuse, c'est ce qu'avec Höffding on pourrait appeler l'Humour. L'usage est pour nous, qui donne au mot « humour »

1. Cf. J. ROUGE, « Culte et culture du moi chez Frédéric Schlegel » (*Revue de Métaphysique et de Morale*, 1934, p. 233).

une nuance de gentillesse et d'affectueuse bonhomie qu'il refuse parfois à l'ironiste. Il y a, dans l'ironie cinglante, une certaine malveillance et comme une rosserie amère qui excluent l'indulgence; l'ironie est quelquefois fielleuse, méprisante et agressive. L'humour, au contraire, n'est pas sans la sympathie. C'est vraiment le « sourire de la raison », non le reproche ni le dur sarcasme. Alors que l'ironie misanthrope garde par rapport aux hommes l'attitude polémique, l'humour compatit avec la chose plaisantée; il est secrètement complice du ridicule, se sent de connivence avec lui. Mieux que les Romantiques allemands, si gourmés, si tudesques, si pédants, si bourgeois de province jusque dans leurs clairs de lune, c'est Henri Heine qui a incarné ce tendre humour de l'ironie. L'humour, c'est l'ironie ouverte : car si l'ironie close ne désire pas instruire, l'ironie ouverte est finalement principe d'entente et de communauté spirituelle. L'ironie fermée, comme dirait Jean-Paul, c'est le nuage de sauterelles des vilaines vengeances qui mangent les fleurs et dévastent la naïve crédulité; elle n'a pas encore surmonté le pessimisme de la satire. L'ironie humoresque, elle, est toujours humble à quelque degré; elle est sans aigreur et pacifie, par une médiation conciliante, les cruelles antithèses du sarcasme. L'humour, dit Cohen [1], congédie le pessimisme de la satire vengeresse qui montre le poing à la vertu. Au fond, l'humour a un faible pour ce qu'il raille — et pourtant il raille, car il a traversé l'antithèse méchante : sa bonhomie n'est pas l'attendrissement ridicule de la première naïveté, mais une tendance mûrie par les ricanements du cynisme. « Am Ende zeigt sich, was im Anfang war [2] » : l'humour revient, comme Pascal, à la naïveté, mais à une docte naïveté et qui diffère autant de l'innocence primitive que la synthèse, chez Hegel, diffère de la thèse ou le sujet-objet, chez Schelling, de la possibilité initiale. — Il y a donc dans l'ironie humoresque une finesse de plus

1. Hermann COHEN, *Ethik des reinen Willens*, p. 507.
2. SCHELLING, *Werke*, XII, p. 645.

que dans l'ironie vitupérante, et c'est pourquoi Schopenhauer l'appelle le « double contrepoint de l'ironie [1] ». Appelons-la, plus simplement, une ironie à la deuxième puissance et où la relation « allégorique » apparaît doublement indirecte; une suprême réflexion de conscience. Si l'ironie simple cache une vérité simple sous l'apparence transparente du sérieux, l'ironie humoresque, par contre, fait allusion au sérieux impalpable de l'apparence : l'ironie plaisante, mais dans sa moquerie on lit la vérité à livre ouvert; et l'humoriste joue, lui aussi, seulement son sérieux est infiniment lointain; et il faut bien se garder de confondre ce sérieux ésotérique avec la gravité simple, naïve et primaire de l'inconscience. L'ironie humoresque, accomplissant ainsi le message positif de l'ironie, veut n'être pas trop dupe du sérieux numéro un, et ceci pour aller au-delà même du sérieux numéro deux. Par exemple, si la *Bonne Chanson* reste frivole malgré les ailes immenses de son bonheur, les *Fêtes galantes*, à leur tour, sont décidément sérieuses malgré leurs déjeuners sur l'herbe et leurs cabrioles. L'interprétation de l'humour a donc trois niveaux à franchir : il faut comprendre la farce qui est dans la simulation sérieuse, et puis le sérieux profond qui est dans cette moquerie, et enfin le sérieux impondérable qui est dans ce sérieux. L'ironiste sans humour débute gravement, ensuite il éclate de rire et défait tout ce qu'il a fait : une lecture directe suffit donc pour déchiffrer, a contrario, sa vérité; l'ironiste humorisant, lui, fait semblant de nous mystifier, car il simule la simulation et ironise sur l'ironie; ainsi les malins qui se croient dupés sont précisément les plus grandes dupes, non parce qu'ils le sont, mais parce qu'ils le croient. Concluons que le langage humoristique, sous un certain rapport, ne signifie pas autre chose que ce qu'il dit : le « sens propre », au fond, est plus vrai que l'allégorie savamment dédoublée, et il nous apparaît que la lettre coïncide avec l'esprit. On peut se tromper

1. *Welt als Wille und Vorstellung, Ergänzungen* z., I, chap. VIII. A opposer à BERGSON, *Le Rire*, p. 130.

non seulement par excès de confiance, mais encore par trop grande méfiance. L'humoriste, en fait, s'adresse à cette subtile crédulité qui sait être sceptique quand il faut : il joue d'une apparence d'apparence et son dernier mot n'est jamais pour railler.

L'humour de l'ironie retrouve donc cette finalité, cette application sérieuse, cette volonté des valeurs enfin dont Hegel lui imputait le mépris. L'ironie, pour Bergson, énonce le devant-être en feignant de le prendre pour le réel, tandis que l'humour décrit le réel en affectant de le prendre pour l'idéal; de là la minutie analytique imperturbable de l'humour, opposée à l'éloquence de l'ironie. L'ironie bergsonienne, dans notre langage, serait donc plus humoristique encore que l'humour, car elle est plus positivement sérieuse; non contente de ne pas détruire, elle montre du doigt ce qui devrait être. L'humour outrepasse aussi bien l'équilibre statique du sérieux que le dédoublement de l'ironie négative. Dans une étude remarquablement subtile, Violette Morin oppose le dogmatisme raisonnable de l'Ironie, toujours accroché à des points fixes, et la « relativité généralisée » de l'Humour, exclusive de tout observateur privilégié; et elle remarque, faisant allusion à un écrit de M. R. Queneau, que les « lieux » de l'humour sont souvent des lieux de passage, ou des lieux en mouvement, ou des moyens de locomotion; l'humour, qui fait tout bouger, ne connaît donc ni domiciliation sédentaire ni localisation définitive. On ne trahirait certainement pas la pensée de V. Morin en disant que le rapport de l'ironie à l'humour est celui de la *position* stable à la *situation* instable. Doit-on dire pour autant que l'humour est nihiliste? Nous ne le pensons pas. Sans doute l'ironie simpliste ou a contrario est-elle cousue de fil blanc, et elle se déchiffre, comme tout contre-pied, automatiquement : si les premiers deviennent les derniers et les derniers les premiers, si tout le Nord devient tout le Sud et réciproquement, rien n'est finalement changé; si les maîtres deviennent esclaves et si les esclaves deviennent les maîtres, on change simplement de maîtres et d'esclaves et l'injustice est plutôt renversée que guérie. Un ordre « à l'envers » est un ordre qui a un nouvel « endroit », voilà tout, et n'est révolutionnaire qu'en apparence. A ce genre de renversement ou d'inversion diamétrale se bornent souvent les paradoxes de la transvaluation dogmatique : un monde mis sens dessus dessous, une histoire à contre-courant ou à rebrousse-temps, une vie qui est une mort et une mort qui est une vie, le Pour et le Contre, la nature et la contre-nature, le recto et le verso échangeant leurs rôles — ces symétries assez semblables à la symétrie des antipodes témoignent d'un sérieux sans humour. Mais il ne s'ensuit pas que l'humour, à son tour, exclue tout système de référence : seulement ce système est situé à l'horizon et dans un éloignement infini. De là le caractère pneumatique et toujours ambigu de l'ironie humoresque. Comment, à l'opposé du trait d'esprit, l'humour ne serait-il pas une sorte de grâce évanescente? L'*autre* de l'« allégorie » humoristique n'est plus le relativement-autre des énigmes grossièrement chiffrées, l'autre qu'on trouve par simple transposition de l'exotérique à l ésotérique : il est l'absolument-autre qui se donne et se dérobe à une entrevision ambiguë. Humoriser, c'est ironiser en regardant au loin et au-delà; c'est, par un chemin complexe, reconduire la conscience à son insaisissable vérité, et c'est dissoudre les antinomies ironiques dans l'« éther bleu » de la fausse frivolité. Mais encore, quelle est cette vérité et quelles sont ces valeurs?

Cette vérité, d'abord, ne saurait être l'ironie elle-même. Dire que l'ironie humoresque devient finalement sérieuse, ce n'est point dire qu'elle se prend elle-même au sérieux; et de même que l'amour de l'amour a cessé d'être l'amour de quelqu'un (car on aime l'aimé, et non pas pour aimer), de même l'ironie sur l'ironie, ce n'est point l'ironie pour l'ironie. Le « vol de l'oiseau » dont parle Nietzsche [1], ce n'est pas seulement le détachement par rapport aux attachements,

1. *Par-delà le bien et le mal*, aph. 41.

mais le détachement par rapport au détachement lui-même. Il y a un dogmatisme de l'ironie qui est aussi inconscient que tout autre absolutisme, et qui se fige dans l'affirmation ridicule de sa propre frivolité; l'ironie, pour rester transitive et vraiment humoresque, vraiment consciente de soi, doit pouvoir ne l'être pas — si ironique qu'elle sait être sérieuse, si compliquée qu'elle sait être simple, toujours mobile et supérieurement imprévisible! L'ironie est une de ces qualités qu'il est contradictoire de s'attribuer, parce qu'elles n'existent que selon la pure mobilité de la vie : on ne peut pas être modeste et le dire, s'attribuer l'intelligence et rester intelligent en effet; quiconque affirme avoir de l'esprit, cesse d'en avoir dans l'acte même par lequel il l'affirme : la « bonne volonté d'être spirituel », dit Frédéric Schlegel, est une vertu de paillasse — « Witzelei » plutôt que « Witz »; et il en est de même de la grâce, du charme et de toutes ces qualités fragiles qui n'existent qu'à condition de n'être pas voulues. Il n'y a pas non plus d'ironie systématique; si Épiménide est un menteur, Épiménide n'est pas un menteur, et réciproquement; et de même, quiconque se spécialise dans l'épigramme n'est qu'un cuistre — car le badinage a ses Trissotin, comme la rhétorique ou le *bel canto*. De même que la moindre complaisance de conscience annihile le désespoir du remords, rend toute sincérité suspecte, ternit enfin la pureté de l'intention, de même la moindre affectation fait de l'ironiste un professionnel et de l'homme charmant un spécialiste du charme, c'est-à-dire un charmeur, c'est-à-dire un bouffon et un polisson. La complaisance qui louche sur soi tue du même coup la souffrance médicatrice, qu'elle rend inefficace, et la joie innocente, qu'elle remplace par des abstractions eudémoniques et par de vides attitudes : partout elle installe le concept, l'ennui, la sécheresse, le désert de toute conviction, comme il arrive quand le cœur « n'y est pas ». Or l'ironie humoresque n'est en résidence nulle part; cette ironie sans domicile n'est pas une profession, mais, ainsi que la liberté, une inspiration et une vocation. Telle l'*Anima* d'Henri Bremond [1], l'inspiration ironique attend qu'Animus cesse de la regarder pour redevenir sincère. Et comme la musique exprimera quelque chose si elle ne se force plus à être expressive, ou comme la prose selon Newmann est déjà un peu poétique qui avoue être prose, ainsi l'ironie humoresque ne sera ironique qu'en renonçant à son rôle, en gardant l'innocence de Psyché. « Rien n'empêche tant d'être naturel que l'envie de le paroître [2]. » L'ironie affectée devient naïve sans le vouloir, tandis que l'ironie humoresque qui reste agile, souple et infiniment consciente retrouve le sérieux profond de la vie; l'une, qui se croit très fine, succombe à son tour à l'ironie des autres : c'est une demi-intelligence, et qui cesse brusquement de se dédoubler; l'autre, à force de conscience aiguë et de lucidité infinie, redevient innocente comme la créature au premier matin du monde. — Si le but de l'ironie ne peut être la contemplation de soi, ce n'est pas davantage une fin transcendante, ni un génie de l'espèce comme celui que la méta-biologie de Schopenhauer invoque pour expliquer le mystère de la pudeur. Reste donc que l'ironie humoresque obéisse à une vocation toute spirituelle — transcendante parce que l'ironie affirme toujours davantage la vérité et la bonté de l'esprit, et immanente aussi parce que cette affirmation ne cesse de se préciser à travers les négations moqueuses qui ridiculisent la fausse spiritualité. On peut railler les systèmes constitués et les solutions définitives et les vérités devenues ecclésiastiques ou confessionnelles, et en général tout ce qui s'efforce vers l'existence volumineuse; les dogmes statiques proposent à l'épigramme d'innombrables prises, car ils sont aussi friables que pesants. Il n'y a peut-être qu'une chose au monde sur laquelle la raillerie ne puisse rien : c'est l'énergie constituante par laquelle l'esprit

1. *Prière et poésie*, p. 221. Cf. Max SCHELER, *Le Sens de la souffrance* (trad. fr.), p. 55; KIERKEGAARD, *La Pureté du cœur*, p. 64; *Le Concept d'angoisse*, p. 78.
2. LA ROCHEFOUCAULD, *Max.*, 431.

obtient ces solutions et ces dogmes. Et peu importe si toutes les législations que l'ironie nous donne s'effritent l'une après l'autre sous l'effet d'une ironie nouvelle : dans ce massacre des légalités constituées une légitimité constituante, un ordre profond montent à la lumière, et qu'on devine dans la convergence même des négations redoublées. Comme la conscience malheureuse trouve toujours le moyen de s'arrondir dans son malheur, ainsi les négations les plus tranchantes dessinent encore un certain ordre positif qui survit aux choses ordonnées. L'unité humoresque n'est jamais ceci ou cela, mais toujours « sur le passage » : romantique et classique, mystique et prosaïque, aventurière et bourgeoise, elle ne se définit, comme l'esprit français, que par des prédicats antithétiques. La Mode, qui ne cesse de refouler dans le passé les styles successifs, est la caricature du mouvement ironique; peu importe ici le style qu'on adopte, pourvu que ce soit « le dernier ». La mode n'est plus la mode si elle s'éternise ou s'attarde, si même elle s'appesantit un peu lourdement sur les manières de la sociabilité; la mode, comme l'ironie, effleure. Être « moderne », c'est donc à la fois être perpétuellement contemporain des styles les plus récents, et ne jamais insister, pour n'être pas en retard. Constamment nouveau, mais constamment caduc, le présent de la mode et de la modernité offre un visage aussi paradoxal que le présent de l'ironie humoresque, mais il n'en représente que l'aspect le plus frivole. Consultons attentivement ce visage, et peut-être verrons-nous *wit and love*, l'humour et l'amour se rejoindre dans la libre plénitude de l'esprit.

5. Jeux de l'amour et de l'humour.

Le présent est ainsi fait qu'il nous semble toujours définitif sur le moment et toujours provisoire après coup : cette nécessité démentant ce postulat — voilà toute l'actualité du présent; voilà aussi le mot de nos espérances invétérées, de notre incorrigible optimisme;

aucune leçon ne nous instruit, et c'est vraiment un travail de Sisyphe que de nous décourager de l'instinct, du vice ou de la guerre. *Quos vult perdere*... Quelle sera notre prochaine dernière folie? Pourtant ces récidives de l'instinct ne sont pas toujours un symptôme d'impénitence et d'endurcissement incurable. Notre psyché, dans son élasticité infinie, veut régénérer sa forme, se retrouver totale et intacte lorsque la cruelle ironie menace son intégrité; il y a alors non pas rechute, mais redressement. Cette opiniâtreté, qui est commune à l'instinct, à la confiance et à l'amour, doit avoir une raison métaphysique, surnaturelle en quelque sorte; on se la rend inintelligible si l'on attribue à l'esprit une certaine force finie et quantitativement mesurable que les déceptions multipliées doivent fatalement épuiser quelque jour; usure, fatigue, inanition... ce sont là concepts d'une physiologie toute charnelle : nos muscles peuvent être à bout de patience, et le corps est parfois las d'attendre. Dans l'immensité d'une confiance qui se donne et se redonne contre toute raison, n'y a-t-il pas, au contraire, une espèce de divin aveuglement, et dont l'esprit seul est capable? L'injure se lasse d'injurier plus tôt que le pardon de pardonner. Ainsi, chaque fois le présent de notre cœur apparaît éternel, et chaque fois une ironie méchante le déjoue; mais chaque fois aussi, comme l'oiseau Phénix, il renaît de ses cendres et berne à son tour l'ironie. Il ne faut donc pas trop s'inquiéter si l'ironie semble contraire à l'admiration, au respect ou à l'amour. Depuis si longtemps que le respect « se perd », comment en reste-t-il encore? En réalité, le respect ne se perd pas, mais il s'affine et se spiritualise; il passe du corps à l'esprit, des mythologies ecclésiastiques à la personne morale ou, comme dit fortement Léon Brunschvicg, du respecté au respectable et de l'admiré à l'admirable [1]; il n'est plus l'illusion d'une « puissance trompeuse », mais, comme chez Kant,

1. *Le Progrès de la conscience dans la philosophie occidentale*, p. 332. Cf. Max SCHELER, *Vom Umsturz der Werte*, t. I : *Zur Rehabilitierung der Tugend*.

le respect de la loi. La première phrase du traité des *Météores* de Descartes est pour abandonner l'idée aristotélicienne d'un monde supralunaire plus vénérable que le nôtre; et comme la mécanique céleste n'a pu se constituer qu'au prix d'un blasphème, ainsi le respect des cadavres, en s'opposant à la dissection, aurait rendu impossible l'essor de l'anatomie humaine; la psychologie, de son côté, a eu toutes sortes de préjugés à vaincre pour se constituer comme science. En vérité, ces multiples sacrilèges n'ont eu d'autre effet que d'approfondir le respect, de le rendre plus pur et plus spirituel. Ainsi le respect refait à tout moment ce que l'ironie a défait; la totalité régénère à l'infini dans les parties disloquées, partout reconstituant l'organisme spirituel; l'esprit, entretenu en vigilance par la secousse électrique de l'ironie, réapprend seulement à passer du figuratif à la chose figurée et d'une superstition grammatique à une vénération pneumatique; l'ironie essentialise et condense le respect en désagrégeant tout ce qui est inessentiel dans les appartenances de l'ipséité et dans les épithètes du moi, tout ce qui est bluff et poudre aux yeux : les épaulettes, les chamarrures, les titres et toute la passementerie de la vanité. Dépose le laticlave et l'angusticlave, prêche Épictète dans ses *Diatribes* : car l'ironie a quelque chose de « gymnopédique ». Déjà la parabole évangélique des lys des champs et des oiseaux du ciel ironise sur les trésors, stocks et provisions, qui sont simples adjectifs de la personne : les principautés et les seigneuries ne sont rien qu'imposture. « Couper le cou à un roi, faire des choses que l'on n'a pas encore osé faire, tout cela est simple, faisable et doit être fait [1]. » Car ce qui importe, ce n'est pas la virginité des gestes et des mots, mais celle des pensées — celle-là même que l'ironie nous apprend à isoler. D'autre part, Pascal nous montre à quels malentendus, à quels hasards même la justice humaine doit son crédit : nous apprenons que si les valeurs elles-mêmes sont permanentes, les motivations secondaires qui les justifient ont changé du tout

1. Jean CASSOU, *Les Nuits de Musset*, p. 207.

au tout, et nous parlons avec un sourire supérieur de la « relativité des principes ». Mais, justement, les valeurs sont permanentes, et cette pérennité d'un certain but à atteindre, toujours le même sous la divergence des idéologies, ne représente-t-elle pas quelque chose de durable et de profond que l'ironie ne saurait affaiblir? La motivation elle-même, au reste, ne cesse de s'affiner : primitivement utilitaire ou biologique, elle devient de plus en plus altruiste. Ainsi l'ironie, détruisant l'enveloppe extérieure des institutions, nous exerce à ne respecter que l'essentiel; elle simplifie, dénude, et distille; épreuve purifiante en vue d'un absolu jamais atteint, l'ironie fait semblant afin de ruiner les faux-semblants; elle est une force exigeante et qui nous oblige à expérimenter tour à tour toutes les formes de l'irrespect, à proférer toutes les insolences, à parcourir le circuit complet des blasphèmes, à concentrer toujours davantage l'essentialité de l'essence et la spiritualité de l'esprit.

L'ironie, en somme, sauve ce qui peut être sauvé. La sagesse commence au point précis où le cynisme de l'analyse ne nous gâte plus le plaisir ingénu de la synthèse [1], — car on peut à la fois vénérer et comprendre! Il faut que la sentimentalité, purifiée par la moquerie, résiste à la moquerie, d'abord parce qu'il y a dans celle-là une région centrale que celle-ci ne peut atteindre, ensuite parce que notre simplicité fondamentale, un instant décontenancée, retombe toujours sur ses pattes et, de plus belle, recommence à aimer et à croire. Au fond, nous ne demandons qu'à redevenir puérils. Il est presque sans exemple que d'être bien renseigné ait jamais dégoûté un amant de son amour, que de savoir à quoi s'en tenir sur les humbles origines de l'art ait jamais contrarié vraiment le plaisir esthétique. L'extrême lucidité ne décourage pas si facilement l'extrême naïveté. L'ironie, d'une part, est mortelle aux illusions; partout elle tisse les toiles d'araignée où se prendront les pédants, les vaniteux et les grotesques.

1. F. Rauh, *L'Expérience morale*, p. 56. B. Jacob, *Devoirs*, p. 197.

« Ironie, vraie liberté! » s'écrie Proudhon au fond de sa cellule de Sainte-Pélagie, « c'est toi qui me délivres de l'ambition du pouvoir, de la servitude des partis, du respect de la routine, du pédantisme de la science, de l'admiration des grands personnages, des mystifications de la politique, du fanatisme des réformateurs, de la superstition de ce grand univers et de l'adoration de moi-même... Tu consolas le Juste expirant quand il pria sur la croix pour ses bourreaux : Pardonnez-leur, ô mon Père, car ils ne savent ce qu'ils font. Douce ironie! Toi seule es pure, chaste et discrète. Tu donnes la grâce à la beauté et l'assaisonnement à l'amour; tu inspires la charité par la tolérance; tu dissipes le préjugé homicide...; tu procures la guérison au fanatique et au sectaire, et la Vertu, ô Déesse, c'est encore toi. Viens, souveraine... [1]. » C'est donc bien vrai que l'ironie est la mobilité même de la conscience, l'esprit révoquant sans cesse ses propres créatures pour garder son entrain et rester maître des codes, des cultures et des formes cérémonielles. L'ironie remet sans cesse en question les prémisses soi-disant sacro-saintes; par ses interrogations indiscrètes elle ruine toute définition, ravive inlassablement le problématique en toute solution, dérange à tout moment la pontifiante pédanterie prête à s'installer dans une déduction satisfaite. L'ironie, c'est l'inquiétude et la vie inconfortable. Elle nous présente le miroir concave où nous rougissons de nous voir déformés, grimaçants, elle nous apprend à ne pas nous adorer nous-mêmes et fait que notre imagination conserve tous ses droits sur ses progénitures indociles. Quiconque est sourd à son chuchotement se condamne au dogmatisme stationnaire et à l'engourdissement béat. Tieck la remercie de nous protéger du magique et de ses tentations [2]. Tout se transforme, tout est

1. *Les Confessions d'un révolutionnaire, pour servir à l'histoire de la révolution de Février*, éd. Daniel Halévy, 1929 (*Œuvres*, p. 341-342, fin).

2. Robert MINDER, *Un Poète romantique allemand, Ludwig Tieck* (1936), p. 319-320.

meuble, fluent, changeant. L'ironie proteste contre le rationalisme statique et rend hommage à la temporalité de la vie; l'ironie dit à sa manière que toute l'essence de l'être est de devenir, qu'il n'y a pas d'autre manière d'être que de devoir-être, que la conscience est le contraire d'un chose. *Esse* = *fieri* et *futurum esse* — telle est la grande découverte bergsonienne de notre modernité. L'ironie, qui est désagrégation de toute « res » ou déréification, n'est-elle pas bergsonienne en cela?

Pourtant l'ironie n'est pas hostile non plus à l'esprit d'amour et de simplicité. Il faut être lucide, mais il faut être direct, et faire simplement les choses simples. Comme il y a une misère moderne, misère paradoxale, misère ironique qui vient de la surproduction, ainsi il y a une neurasthénie de l'âme qui a pour cause non pas l'excessive pauvreté, mais la trop grande richesse; non pas la gaucherie, mais le luxe et la virtuosité. C'est là le vrai « malheur d'avoir trop d'esprit ». Si nous voulons guérir le désespoir qu'est l'effet du blasement, nous devons nous simplifier et reprendre confiance dans la spontanéité du cœur. Heureusement l'ironie ne s'oppose pas à cette simplification, et même, tout compte fait, elle la favorise. Nous sommes, il est vrai, pourris de pédantisme, de bavardage et de littérature, mais l'élan se porte ailleurs, et l'homme reste capable, grâce à l'humour, de sentir les choses avec rondeur et véhémence. Entre l'humour et l'amour il se joue une partie sans fin, où chacun est successivement le vainqueur et le vaincu. C'est à qui sera le plus fin. L'humour est plus preste et plus agile que l'amour, mais l'amour est encore plus fort que l'humour. Schopenhauer nous montre la volonté poussée sans relâche du désir à l'ennui, et nous, par une dialectique toute contraire, nous verrions plutôt le désir renaître infatigablement du dégoût. C'est un miracle perpétuellement renouvelé, et aussi profond que l'annuel renouveau lui-même. La lecture optimiste qui déchiffre dans l'hiver les prodromes de ce renouveau est aussi justifiée que la lecture pessimiste qui devine dans l'été les signes avant-coureurs du déclin;

ce sont deux lectures d'une même éternité. A tout moment l'amour germe dans les profondeurs de la lassitude, et son sérieux infini renaît des mille sarcasmes qui le criblent; tous les ans il y a un mois de mai, une nouvelle jeunesse et une toute neuve confiance. Comment tant d'hivers répétés n'ont-ils pas dégoûté la nature de faire des fleurs? Mais non, le printemps est aussi têtu que l'hiver, et chaque fois, dans son inlassable patience, la nature réveille les bêtes et les plantes comme si elle n'avait rien appris. C'est le mystère de la résurrection. En réalité, il n'y a pas de mystère si l'on cesse de penser la nature dans les concepts d'une réflexion anthropomorphique et toujours discursive, si, avec Schelling, on prend conscience de sa fécondité infinie et de son infatigable énergie. Là où une machine s'userait (car il n'y a pas de mouvement perpétuel), pourquoi la nature se lasserait-elle? Notre naïveté, elle aussi, a la vie prodigieusement dure. Rien n'y fait, ni la moquerie, ni l'échec, ni les longs hivers de la méfiance; car la première tiédeur printanière nous retrouve toujours aussi follement oublieux. Tel est le mystère d'une générosité inépuisable qui, chaque fois déçue, retrouve chaque fois la fraîcheur de son enfance. Ce sont les jeux de l'amour et de l'ironie. L'ironie et l'amour tournent en rond sans relâche, l'un pourchassant l'autre, selon le cycle des morts et des renaissances. Cet amour qui ne cesse de se renouveler, cet absolu qui est relatif ne représentent-ils pas tout ce que les hommes, hélas! peuvent savoir de l'éternité? En lui on retrouvera l'Éros du *Banquet*, sur qui la prêtresse Diotime, l'étrangère de Mantinée, nous dit les choses les plus profondes et les plus touchantes qu'un homme ait jamais dites. Éros est fils d'Indigence et d'Opulence, c'est-à-dire qu'il est aussi pauvre de vraies satisfactions que riche de convoitises; de son père il tient l'ingéniosité fertile, l'infatigable curiosité et les dons magiques, car Amour est philosophe, et, par surcroît, un peu sorcier, δεινὸς γόης καὶ φαρμακεὺς καὶ σοφιστής, toujours en train d'ourdir quelque ruse. De sa mère il tient l'infini dénuement : « Rude, malpropre, va-nu-pieds, sans gîte, couchant toujours par terre et sur la dure », il dort à la belle étoile, sur le pas des portes ou dans les chemins. Est-il mortel ou immortel? Dans la même journée on le voit naître, mourir et revivre. Toujours déçu, toujours ardent, à la fois beau et laid, très jeune et très vieux, toujours suranné et toujours inouï, Éros est une créature synthétique; il sait ce qu'il ne sait pas et ne sait pas ce qu'il sait; aussi cherche-t-il à la fois le semblable et le différent. Éros, comme Socrate, est un démon, un intermédiaire : il descend sur la terre pour apporter aux hommes les faveurs des dieux, et remonte vers le ciel en apportant aux dieux les prières et les offrandes des hommes. Le mystère d'amour résout donc l'insoluble contradiction de la richesse et de la pauvreté.

L'ironie, comme Éros, est une créature démonique. Ironie amoureuse, ironie sérieuse, toujours moyenne entre la tragédie et la légèreté! Presque rien n'est aussi grave que nous le craignons, ni aussi futile que nous l'espérons. Les masques qui déambulent follement sur le corso, dans le carnaval romantique, savent que si la pensée a détruit la « contemplation », la conscience de soi, en lui proposant sa propre image, la rend à sa vraie patrie; et la pensée respire plus légèrement quand elle s'est reconnue, dansante et grimaçante, dans le miroir de la réflexion. Cela veut dire d'abord que l'humour n'est pas sans l'amour, ni l'ironie sans la joie, et ensuite que la lucidité ne se refusera pas à la ferveur. Les impertinences de l'*Ozornik*, chez Modeste Petrovitch Moussorgski, préludent sans doute à un tout autre message. « Tourne bien, la meule; roue en bois d'ormeau, mouds la vérité à tous ces polissons! » Ainsi débute ce *Guignol*[1] où Modeste Petrovitch va faire défiler d'importants farceurs et quelques Trissotins de la gloire officielle : le classique, le mégalomane teuton, le maniaque du *bel canto* et diverses autres célébrités nationales. Mais comme le dernier mot ne peut rester au sarcasme, voici qu'apparaît enfin dans son nuage d'arpèges, le front ceint de roses et de camélias candides, la muse Euterpe, c'est-à-dire

1. *Raiok*, 1870. Cf. *Ozornik* (« L'insolent »).

l'inspiration, apportant aux hommes le don des dieux dont tous ces galopins ne soupçonnaient même pas l'existence. Car le but de l'ironie n'était pas de nous laisser macérer dans le vinaigre des sarcasmes ni, ayant massacré tous les fantoches, d'en dresser un autre à la place, mais de restaurer ce sans quoi l'ironie ne serait même pas ironique : un esprit innocent et un cœur inspiré.

TABLE DES MATIÈRES

TABLE DES MATIÈRES

CHAPITRE I

CHAPITRE II

CHAPITRE III

Imprimé en France par CPI
en juillet 2020

Dépôt légal : janvier 2011
N° d'édition : L.01EHQN000546.A005
N° d'impression : 159376